이 아침 한줌 보석을
너에게 주고 싶구나

이 아침 한 줌 보석을 너에게 주고 싶구나
ⓒ 고진하, 2004

초판 1쇄 인쇄 | 2004년 10월 20일
초판 1쇄 발행 | 2004년 10월 25일

지은이 | 고진하
펴낸이 | 한익수
펴낸곳 | 도서출판 큰나무

기획 | 유연화
편집 | 성효영, 김미진
관리 | 조은정
마케팅 | 이영학

등록 | 1993년 11월 30일(제5-396호)
주소 | 120-837 서울시 서대문구 충정로3가 3-95 2층
전화 | (02) 365-1845~6
팩스 | (02) 365-1847

이메일 | btreepub@chol.com
홈페이지 | www.bigtreepub.co.kr

값 8,500 원
ISBN 89-7891-190-0  03810

값 5,000원

# 이 아침 한줌 보석을 너에게 주고 싶구나

고진하 지음

큰나무

■ 이글을 쓰며

## 서두르지 말거라, 천천히 가자!

지난 한 해 동안 가까운 국궁장國弓場에 나가 활쏘기를 배웠다. 활쏘기를 하면서 깨달은 것은 과녁을 맞추려는 마음이 가득하면 맞지 않는다는 것이다. 남과 불화한 일이 있거나 잡념이 끼어들어도 맞지 않았다. 소중한 깨우침이었다. 하지만 이런 깨우침이 곧 내 삶의 변화로 잘 이어지지는 않았다.

글쓰기도 그 자체에 집중執中하고 싶었는데, 그 중中을 향해 화살을 당기는 게 쉽지 않았다. 시를 쓸 때는 그래도 괜찮은데, 생계와 연관된 산문 따위를 쓸 때 그게 잘 되지 않았다. 내가 마음으로 우러르며 따르는 영적 스승들, 그리고 심신을 쉬게 해 주는 산, 강, 나무, 새 따위의 나직한 음성과 침묵에 귀 기울여도, 그런 마음공부의 자료들과 내 삶은 따로 놀기 일쑤였다. 그럴 때마다 좀 쓸쓸하고 힘겹기도 했는데, 내 안에 살아계신 나보다 크신 분이 더러 다독여 주었다. 서두르지 말거라, 천천히 가자!

인도의 위대한 서사시 〈라마야나〉에는 쿰바카르나라고 불리는 지나치게 활동적인 거인의 이야기가 나온다. 그의 어머니가 시바신에게 기도했다.

"내 아이는 활동이 지나칩니다. 그는 필요한 시간의 반이면 모든 일을 해냅니다. 그래서 일을 마치자마자 다시 파괴하기 시작합니다. 그러니, 신이시여, 제발 그를 멈추게 해 주십시오."

시바신이 기도에 응답했다.

"지금부터 네 아들은 1년의 반만 깨어 있을 것이다. 그가 잠을 자기 시작하면 6개월은 잠들어 있게 될 것이다."

이 거인 이야기를 소개한 사티쉬 쿠마르는, "일을 지나치게 많이 하는 사회에서는 영적인 수행으로 잠이 중요하다는 걸 깨닫는 것도 대책이 된다"고 일갈했다.

영적인 수행에 잠이 중요하다는 말은 또 처음 듣지만, 그 멋진 대책에 나도 전적으로 동감이다. 동창이 훤히 밝았는데도 우리집 곁님은 아직도 곤히 잠들어 있다. 깨울 생각이 없다. 푹 자고나야 곁님의 환한 미소와 풋풋한 생기를 마주할 수 있지 않겠는가.

잠이 적어 눈만 뜨면 발딱 일어나는 성급한 버릇을 못 버리는 나도 그렇지만, 부정적이고 파괴적인 에너지가 강한 반평화적인 정치인들, 독재자들, 개발과 성장을 앞세운 환경파괴주의자들, 물욕을 뒤로 감춘 종교 상인들 모두 거인 쿰바카르나처럼 1년의 반쯤 잠이나 쿨쿨 재울 수 있으면 좋겠다.

내 글들 속에는 그런 소박한 바람도 스며 있다. 자장가는 아니지만, 내 글을 읽는 이들 중에 잠이 쏟아져 책을 밀쳐 놓고 숙면을 취한 뒤 아침 해님 같은 얼굴로 살아가는 이가 있다는 소식을 들을 수 있다면 그 또한 좋겠다.

이 책을 쓰는 동안 나날이 깊어지는 마음공부로 좋은 에너지를 전해 준 아내, 막노동에 가까운 고단한 군 생활을 자기 성숙의 계기로 받아들이는 아들 혁이, 훌쩍 집을 떠나 흙과 나무와 돌과 쇠를 주무르며 삶을 사랑하는 법을 배우고 있는 딸 은비가 늘 자랑스럽다. 그들은 나의 가장 귀중한 에너지원이기도 하다. 또한 큰나무 출판사의 기획자인 유연화 님의 깊은 배려와 수고로 이 책은 세상에 빛을 보게 되었다. 달팽이걸음의 글쓰기를 묵묵히 기다려 준 큰나무 출판사 식구들에게 고맙다는 인사를 전하고 싶다.

2004년 5월 28일

母月山人 고진하

■ 차례

이 아침 한 줌 보석을 너에게 주고 싶구나! 13

달팽이걸음으로 봄이 오는 길을 20

신을 벗고 신을 만나다 26

개 이야기 34

어, 송아지가 뛰네! 46

내 인생의 자명종 55

달게 먹은 밥 63

아름다운 인연 71

모자람도 남음도 없는 인생 75

누에처럼 비단실을 토해 내는 인생 83

영원의 해돋이 속에서 산다 89

휘파람을 불며 98

화투는 패를 뗄 때마다 항상 새롭다 104

걷는 즐거움으로의 초대   111

마음, 몸으로 말하는 사랑   117

예수, 똥짐을 지고 가다   124

불완전한 것이야말로 우리의 낙원   137

가장 힘센 것은 가장 여린 것을 겨우 만들어낸다   144

참 자아를 찾아가는 여정   150

나는 꽃의 언어로 이야기했었다   156

도끼날을 향기롭게 하는 전단향나무처럼   162

꽃들의 죽음에 대한 명상   169

아름다운 하심下心   175

큰 바보의 길   183

까치들의 조문弔問   192

맞절   198

새 보러 가자   204

광기가 없으면 자유를 누릴 수 없다   211

진홍가슴울새   217

괜히 왔다간다   222

똥 누다가 기차가 떠나 버리면 어쩌지?   228

그대가 있어 내가 있다   234

 나무나 바위처럼 자족自足에 처해 살며,
그 무엇에 대한 바람도 없는 저 삶의 모습이
영생을 맛보며 사는 자의 그것이 아니고 무엇이랴!

# 이 아침 한 줌 보석을 너에게 주고 싶구나!

눈부신 태양이 배달한 스물네 시간이 막 우리 집 창가에 당도했습니다. 따뜻한 손길로 내 몸을 어루만지는 태양은 "이 아침 한 줌 보석을 너에게 주고 싶구나!" 하고 말하는 듯싶습니다. 선물로 배달된 하루를 마주하며 문득 가슴이 설렙니다. 나는 고요히 두 손을 모읍니다.

하느님, 고맙습니다. 하루를 허투루 살지 않겠습니다!

꿀맛 같은 경전 몇 구절을 읽고 있는데, 오지항아리에서 밥 지을 쌀을 바가지에 퍼 담아 들고 들어오던 아내가 뜬금없이 싱글벙글댑니다.

"여보, 이 난蘭 좀 보세요!"

창가에 놓여 있는 난분을 매일같이 보던 터라 나는 시큰둥하게 대꾸했습니다.

"새 촉이라도 나온 모양이구려."

"그게 아니라 꽃눈이 막 나왔는데, 이게 은밀한 기쁨이지 뭐예요!"

나는 깜짝 놀라 대꾸합니다.

"은밀한 기쁨이라니?"
"요 꽃눈이 내년 봄에나 벌어져 꽃을 피울 것 같은데, 요러구 붉은 꽃눈을 내밀고 있는 모양을 보니, 은밀히 기쁨을 감추고 있다는 생각이 들더라구요!"
"그래, 그래, 은밀한 기쁨이구 말구!"
아내의 표현이 놀라워 맞장구를 쳐 주니, 쌀 담긴 바가지를 들고 부엌으로 들어가는 아내의 뒤꼭지마저 신바람으로 일렁입니다.
나는 문득 난을 들여다보며 중얼댑니다.
"너는 사람들보다도 낫구나. 사람들은 기쁜 일이나 슬픈 일이 생기면 그걸 참지 못하고 호들갑을 떨고 난린데, 너는 그 기쁨을 혼자 은밀히 간직하고 긴 겨울을 나겠구나. 암, 아내 말이 맞아. 은밀한 기쁨이구 말구!"

나는 아침밥을 한 술 뜬 뒤 자전거를 타고 활터로 향합니다.
어제 내린 비에 깨끗이 씻긴 자전거 도로는 오늘 따라 단풍잎 빛깔만큼이나 붉습니다. 붉은 도로 위엔 어제 떨어진 노란 은행잎들이 흩어져 정겹게 나뒹굽니다.
은행잎 위로 천천히 은륜을 굴려 활터에 당도하니, 벌써 몇 사람이 사대射臺에 서서 활시위를 당기고 있습니다. 나도 활 쏠 준비를 마치고 사우射友들 곁에 섭니다.

사대에 선 지 벌써 1년, 요즘은 꾸준히 노력한 보람이 있어 활을 쏘면

곧잘 맞는 편이지요. 내 차례가 돌아와, 시위에 살을 메기고 먼 과녁을 바라봅니다.

흰 바탕에 둥근 홍점의 과녁!

나는 잠시 과녁을 뚫어져라 바라봅니다.

'저 홍점은 내 심장이야. 아직 욕망에서 자유롭지 못한 내 에고야. 남보다 더 잘 맞히겠다고 다투며 출싹대는 마음, 남에겐 놓아라, 놓아라, 하면서도 스스로는 놓지 못하는 소유욕이야.'

나는 심호흡을 하고 시위를 힘껏 당겼다 놓습니다. 다섯 대 중에 네 대가 명중이고, 나머지 한 대가 빗나갔습니다.

활을 다 놓고 쉬기 위해 사우들이 모여 있는 방으로 들어가니, 나이가 많으신 백발의 사우가 한 마디 툭 던집니다.

"이젠 잘 쏘시네요."

"아직 멀었지요, 어르신."

"오늘 왜 마지막 한 대를 뺐어요?"

"뺀 게 아니고 빗나간 거지요."

"내가 보기엔 뺀 것 같던데! 우리 활터 아닌 다른 활터에 가서 활을 쏠 땐, 다섯 대를 다 맞출 수 있더라도 그렇게 마지막 대는 빼는 게 예의지요."

"아하, 그런 예법이 있군요."

활터를 드나들며 궁사가 지켜야 할 예법에 대해 많이 들었지만, 이런 예법에 대해서 듣는 건 또 처음입니다. 결국 그 어른의 말씀은, 궁사로서 지켜야 할 예법으로서만이 아니라 평소에 그런 삶의 여백을 지녀야 한다는 것이 아니겠습니까. 다 맞출 수 있는 데도 일부러 맞추지 않고, 할 수 있는 데도 하지 않는 삶의 여유餘裕!

"어르신, 오늘 좋은 예법을 일러주셔서 고맙습니다."

활터에는 나이 드신 어른들이 많은 편인데, 가끔씩 그분들이 일러 주는 예법 속에는, 오랜 경륜에서 나온 삶의 지혜가 감춰져 있습니다. 젊은 사우들 중에는 노인들의 말씀을 잔소리로 듣거나 낡은 삶의 방식으로 치부하는 이도 있으나, 나는 그분들의 그런 말씀을 소중하게 품곤 합니다.

오늘 들려주신 말씀만 해도 그렇습니다.

연륜이 깊지 못한 이들은 어떻게 해서든지 과녁에 화살을 맞추는 데만 혈안이 됩니다. 오로지 관중貫中 그 자체에만 매달립니다.

이때 활쏘기는 오로지 남을 이기기 위한 천박한 스포츠로 전락할 뿐이지요. '궁도弓道'라면 자기 마음을 닦는 공부인데, 그런 경우 자기 마음을 닦는 공부와는 상관이 없게 되고 말지요.

활터를 드나들며 옛 사람들이 가르친 사법射法 가운데, 내가 항상 마음 닦는 공부로 삼는 다음과 같은 가르침이 있습니다. 활이 맞지 않는 경우를 일러 주는 '불가필중십원실不可必中十原失'이라는 것입니다. 그 중에 다음 두 가지는 늘 명심하려 애씁니다.

자기의 탈을 알면서도 고치지 않으면 맞지 않는다. 見己之病不改 不可必中
이기기를 좋아하는 마음이 심해도 맞지 않는다. 好勝之心甚 不可必中

아무튼 나는 백발의 사우를 통해 배움을 얻은 것이 기쁘고, 여러 순 쏘고 나니 팔도 뻐근해져서 집으로 돌아가려고 사구射具를 챙기는데, 갑자기 휴대전화 벨이 요란스레 울립니다. 얼른 전화를 받았더니, 서울에 사는 후배 소설가가 다급한 목소리로 외칩니다.
"목사님, 오늘 오후에 장례식 집례해 주실 수 있어요?"
"웬 장례식? 누가 죽었는데?"
"1년 전쯤에 저와 함께 목사님 댁을 방문했던 형이 죽었어요."
후배가 하는 말을 들으니, 그가 형이라 부르는 이의 얼굴이 어렴풋이 떠오릅니다.
일찍이 신학을 전공하고 성서 주석 따위를 번역하며 살아온 이인데, 가난하고 소외된 이들을 외면하는 탐욕스런 교회가 싫어 근년에 들어 교회를 멀리하고 산다고 했던, 올곧아 보이던 친구.
사실 내가 그 친구에 대해 아는 것은 이것이 전부입니다. 그런 그가 친구들과 겨울바다를 보러 동해에 놀러 갔다가 높은 파도에 휩쓸려 불의의 죽음을 당했다는 것이었습니다.
"장례 집례해 줄 이가 마땅치 않은 모양인데, 그럼 가야지."
"갑자기 부탁 드렸는데, 흔쾌히 허락해 주셔서 고맙습니다."
"고맙긴. 목사가 마땅히 해야 할 일인데……."
나는 전화를 받고 난 뒤 사구를 마저 챙겨 사물함에 넣고 자전거를 타고 집으로 향합니다.

아침 햇살이 배달해 준 스물네 시간 속에, 이런 예기치 않은 일이 생길 줄은 미처 몰랐습니다.

솔직히 말해서 잘 알지도 못하는 이의 장례식을 집례해야 한다는 게 부담이 안 되는 건 아니지만, 하느님이 선물로 배달해 준 나의 하루 속에는, 이처럼 '부담'을 감수해야 하는 예기치 않은 사건도 이미 예정돼 있었던 것입니다. 삶은 참으로 예측불가의 신비로움을 담고 있습니다. 그렇지만 즐거움만 아니라 괴로움도, 기쁨만 아니라 슬픔도 하느님이 내게 햇빛 천사를 통해 배달해 준 선물이며 값진 보석입니다.

집으로 돌아와 장례식 집례를 위한 성의聖衣며 예문집 따위를 가방에 챙겨 넣는데, 내가 활터로 간 사이에 잠시 외출했던 아내가 성큼 집 안으로 들어섭니다.

"여보, 오늘 내 하루 속에는 은밀한 슬픔도 예정돼 있더라구!"

## 달팽이걸음으로 봄이 오는 길을

걷는 즐거움을 만끽하고 지냅니다.

매일 낯선 길 위로 나설 때 나는 세계를 알몸으로 만납니다. 오늘 아침만 해도 그랬습니다. 잠자리에서 깨어나 창문을 활짝 열고 해 뜨는 쪽을 바라보니, 날마다 눈맞춤하던 치악산 봉우리가 낯설었습니다.

아름다운 여체처럼 비스듬히 누워 흐르다가 불끈 솟구친 봉우리들마다 엊그제 내린 눈이 하얗게 덮여 있어 신령스러웠습니다. 잠시 산봉우리를 바라보고 있자니 상쾌한 하루가 될 것 같은 예감이 온몸을 감쌌습니다.

나는 아침밥을 한 술 뜨고 개량한복 차림에 갈색 바랑을 등에 지고 설레는 가슴으로 집을 나섰지요. 집들로 빽빽한 골목길을 빠져나가는데, 울 밖으로 삐쭉 고개를 내민 목련 가지가 문득 시선을 끌어당깁니다. 하얀 솜털에 싸인 목련 꽃봉오리가 벌써 오동통합니다.

꽃봉오리들이 곧 기지개를 켜며 쩍쩍 벌어지기 시작하겠군!

나는 골목을 벗어 나와 치악산 동쪽 골짜기인 금대리 쪽으로 방향을 잡고 걸음나비를 크게 하여 성큼성큼 걸었습니다. 제 꼬리를 물고 있는 뱀 모양의 똬리를 틀고 있어 똬리굴이라고 불리는 기찻길을 볼 수 있는 금대리. 오랜 추억이 서려 있어 내가 좋아하는 곳입니다.

토지문학공원 앞을 지나 복잡한 도심을 빠져 나오는데, 유치원이 가까이 있는지 재잘재잘대는 병아리들이 노란 차에서 우르르 쏟아져 내려 내 앞을 통통걸음으로 걸어갔습니다.

앞서 걷던 병아리들 중에 노란 치마를 입은 여자아이가 앵두 같은 입술을 벙긋대며 노래를 시작했습니다. 다른 아이들도 촐랑촐랑대며 아예 합창을 합니다.

길가에 민들레는 노랑 저고리
첫돌맞이 우리 아가도 노랑 저고리
아가야 방긋방긋 웃어 보아라
민들레야 방긋방긋 웃어 보아라

오오, 이게 웬 횡재냐!
겨우내 조롱 속에 갇힌 새처럼 답답하기만 했는데, 새봄을 알리는 천사들을 만났으니 횡재가 아니고 무엇이겠습니까! 나는 노란 민들레라도 된 듯, 첫돌맞이 아가라도 된 듯 뱃속에서 불끈 솟는 벙글웃음을 지으며 아이들에게 성큼 다가갔습니다.

"요요요요 귀여운 천사들아, 한 번만 더 불러 줄래?"

먼저 노래를 시작한 여자아이가 샐쭉하니 나를 쳐다보았습니다. 그리고는 제 또래들에게 얼굴을 획 돌리며 소리를 치더군요.

"저 아저씨, 땡중 맞지?"

아뿔싸! 나는 저희들에게 벙글웃음을 선사하며 천사라는 존칭까지 붙여 주었건만, 기껏 내게 되돌아온 보답이 땡중이라니! 그래도 벙어리매미 꼴은 하고 있을 수 없어 이러구러 너스레를 떨었습니다.

"아저씨는 땡중이 아니란다. 나처럼 머리가 길고 단정한 땡중도 봤니? 이래뵈도 아저씨는 시인이란다. 애야, 그 노래 한 번만 더 불러 줄래?"

"우린 똑같은 건 두 번 안 해요, 땡중 아저씨, 히히힛!"

아이는 요로코롬 내 가슴을 쥐어뜯고는 저만치 달아나 버렸습니다.

요새 아이들은 어느새 어른들 밀뽄새를 닮아서 리바이벌은 안 하는구나. 다른 아이들도 '땡중, 땡중!' 하고 놀리며 쏜살같이 달아났습니다.

허헛 참, 평생 땡중 소리 듣는 것 또한 처음이다. 에잇 이놈의 옷 벗어 버려야지, 이 바랑도!

졸지에 땡중이 된 나는 사뭇 억울했으나 그렇다고 땅을 치고 통곡할 정도는 아니었습니다. 새봄 소식을 알려 준 천사들의 노래에 대한 보답으로 놀림감이 되어 이 나라의 진짜 희망인 병아리 천사들을 즐겁게 했다고 생각하니 외려 기분이 좋아졌습니다.

그래, 나는 너희 말대로 지금껏 엉터리 수도자로 살아왔으나 오늘 진짜 수행자를 만나 한 소식 들으러 금대리에 있는 초록사원으로 간다!

뙤리굴로 향하는 철길을 지나 금대리 초입의 비포장길로 들어서니, 치악산에서 흘러내린 개울물 소리가 청량했습니다.

  크고 작은 돌들을 건반 삼아 누르며 천지만물과 어우러지는 맑고 고운 물소리! 이제나저제나 너희의 지극한 항심에서 나오는 노래는 변함이 없구나. 병아리 천사들은 나를 빈정거림으로 대했으나 너희는 그냥 두 팔 벌려 나를 있는 모습 그대로 품어 주는구나.

  개울가의 버드나무며 산수유나무, 찔레덩굴은 그 헐벗은 모습으로 아직은 부재인 듯싶었습니다. 물론 사람보다 더 진화된 존재들이니 이미 봄이 오고 있는 것을 알고 있겠지요. 하지만 저들은 나처럼 호들갑을 떠는 일은 없습니다.

  나는 비포장의 거친 숨결을 발바닥 전체로 느끼며 골짜기를 걷다가 길가에 서 있는 아름드리나무 곁에 잠시 발길을 멈추었습니다. 그리고 두 팔로 나무를 껴안고 가만히 귀를 대 보았습니다. 누군가 봄나무에 귀를 대면 물오르는 소리가 들린다고 했던 말이 생각났기 때문입니다. 과연 귀를 대고 있자니 무슨 소리가 들리기는 들리는데, 그게 나무가 물을 빨아올리는 소리인지 개울물 소리인지, 아니면 명지바람 소리인지 분간할 길이 없었습니다.

  그렇게 나무를 끌어안고 있는데, 저 만치서 누군가 날 불렀습니다.
  나무와의 포옹을 풀며 힐끗 고개를 돌려보니, 친구 스님이었습니다. 잿빛 털모자를 푹 눌러쓰신 스님은 멀리서 나를 알아보셨던 모양입니다.
  "뭘 하고 계시우?"

"하하하, 스님, 보면 모르십니까? 봄이 오는 소리를 듣고 있었죠."

"그렇게 듣지 않아도 오는 봄이야 올 테지. 오는 봄은 오게 놔 두고 어서 올라가서 곡차나 한 잔 하십시다."

"아니, 스님! 그러잖아도 이리로 오다가 아이들에게 땡중 소리를 듣고 억울해 죽겠는데, 곡차라뇨? 저는 곡차와 이별한 지 오랩니다."

곡차를 하자는 스님의 말씀이 농인 줄 알기에 나도 농으로 받아쳤습니다. 그리고는 스님과 함께 사원으로 향하는 좁은 오솔길로 들어섰습니다. 본래 말수가 적으신 스님과 물소리를 들으며 달팽이걸음으로 걷는데, 스님이 문득 걸음을 멈추시며 입을 떼셨습니다.

"저기를 좀 보슈, 저게 복수초라는 건데, 벌써 꽃망울이 벌어지고 있다우. 눈 속에 피는 꽃이지."

스님이 눈으로 가리킨 곳을 마라보니, 복수초 꽃망울이 벌어진다는 것은 과장이고, 허연 잔설 속에 갇힌 마른 가지에 아기들 손톱 같은 꽃망울이 조롱조롱 맺히고 있었습니다.

봄의 눈이었습니다. 복수초, 노란 봄이 눈을 뜨고 있었습니다. 더불어 내 눈도 또록또록 열리고 있었습니다.

봄〔春〕은 봄〔見〕이라 했던가요.

## 신을 벗고 신을 만나다

사원으로 오르는 계단은 가파르고 높았습니다. 가파르고 높은 계단은 절벽처럼 느껴졌지요. 다 오르려면 아직도 까마득한데, 다리가 후들거렸습니다. 이마에는 땀방울이 대롱거렸습니다. 9박 10일의 인도-네팔 여행도 끝자락이었습니다. 사원순례는 내심 바라던 것이기도 했으나, 오늘처럼 높은 곳에 있는 사원을 오르는 것도 처음이었습니다.

왜 이렇게 가파른 거야, 속으로 투덜거리며 계단을 다 올랐을 때, 나는 투덜거림을 안으로 꿀꺽 삼켰습니다. 눈앞에 확 펼쳐진 전망이 정말 기가 막혔기 때문입니다.

사원 한쪽으로는 네팔의 아름다운 도시 포카라가 한 눈에 다 보였습니다. 다른 쪽으로는 히말라야의 눈부신 영봉들이 지척에 있는 것처럼 눈에 들어왔습니다.

마침 해질녘이라 만년설로 덮인 히말라야의 영봉들이 황혼에 물들어 짙은 오렌지빛으로 빛나고 있었습니다. 포카라에 도착하고부터 눈길을 떼지 못했던 히말라야 영봉들의 흰 빛이 성스러운 느낌에 휩싸이게 했다면, 오렌지빛으로 물든 히말라야 영봉들은 장엄한 느낌에 젖도록 만들었습니다. 여명의 시간에 바라보던 산빛과 저물녘에 바라보는 산빛이 달랐습니다.

시간과 빛깔이 빚어 내는 환幻.

그것이 환일망정 나는 그것을 시간이 주는 고마운 선물로 덥석 받아 안았습니다. 저 시간의 환영이 빚어 내는 아름다움 때문에 히말라야에 자기 목숨을 건 사람도 적지 않으리란 생각도 얼핏 스쳐 갔습니다.

나는 일행과 함께 히말라야를 배경으로 사진을 몇 장 찍고 사원으로 향했습니다. 사원은 아담했습니다. 인도의 힌두교 사원들에 비하면 오히려 초라해 보였습니다. 땅덩어리가 커서 그런지 인도의 사원들은 그 큰 덩치로 그것을 찾는 이늘의 콧대를 눌렀습니다. 여행 중에 많이 보아 온 사원들 가운데 그 규모가 작은 것이 나는 맘에 들었습니다. 사원이 작으니, 사원 중의 사원인 히말라야가 더욱 가슴 뭉클하게 품에 안겨 왔습니다.

태고적 신비가 서려 있는 히말라야!

네팔 사람들은 히말라야를 그냥 산이 아니라 사원으로 여기는 것 같았습니다. 그들은 히말라야를 부를 때 '시바 히말라야'라고 하지 않던가요. 시바Shiva는 힌두교 인들이 가장 가까이 모시는 신의 이름입니다. 그들은 성산聖山 히말라야 앞에 신의 이름을 붙여 부르고 있었습니다. 만물을 신으로 여기는 범신론의 한 절정이 아닐런지요! 나는 네팔 사람들이 히

말라야를 '시바 히말라야'라고 부를 때, 저절로 옷깃이 여며졌습니다.

사원 앞에는 많은 참배객들이 줄을 서서 기다리고 있었습니다. 나는 줄이 무척 긴 것을 보고 보리수나무 밑에 있는 긴 의자로 가서 앉았습니다. 긴 여정의 피로가 쌓여 서 있기가 힘들었기 때문입니다.

잠시 후였습니다. 사원 안에서 어린 동자승이 튀어 나왔습니다. 열두서너 살쯤 될까요. 동자승은 경내에 있는 마당을 이리저리 촐랑대고 뛰어다니며 여기저기에 매달린 종을 쳐댔습니다. 시계를 보니 5시 정각이었습니다. 종을 치는 것은 하나의 의식인 모양입니다. 작은 피리 크기쯤 되는 막대기를 손에 들고 뛰어다니며 종을 치는 동자승의 귀여운 모습에 모두들 낄낄대고 웃었지요. 촐랑촐랑 달려가다 머리에 쓴 모자가 벗겨지기도 해서 또 한바탕 웃어 댔습니다.

나는 종을 치고 나서 사원으로 들어가는 동자승을 붙잡고 농을 건넸습니다.

"네가 꼬마 구루냐?"

동자승은 천진한 미소를 지으며 "예스!" 하고 대답했습니다. 그렇게 대답해 놓고는 저도 우스운지 깔깔댔습니다.

일행들이 어서 들어가자고 보채서 나도 다시 줄 끝에 섰습니다. 사원 안으로 들어가는 이들을 보니, 모두들 신발을 벗고 있었습니다. 사원 문 곁에 가사를 걸친 스님이 한 분 보였는데, 그는 신발을 그냥 신은 채 사원에 들어가려는 이들에게 신발을 벗으라고 손짓했습니다. '아, 여기도 신발을 벗어야 하는구나.'

인도에서도 사원에 들어갈 때는 누구나 신발을 벗어야 했습니다. 간디 화장터를 들렀을 때도, 왕비의 무덤인 타지마할을 들어갈 때도 신발을 벗곤 했습니다. 웬 대리석은 그렇게 흔한지 사원이나 무덤이나 모두 대리석이 깔려 있었는데, 맨발로 그 차가운 대리석을 밟는 느낌이 무척 싫어서 나중에는 신발을 벗는 것조차 싫었습니다.

줄도 길고 또 신발을 벗는 것이 짜증스러워 사원에 들어가는 것을 포기할까 하는 생각도 했습니다. 그 순간, 이런 생각이 번개처럼 스쳤습니다.

'신발만 벗으라는 게 얼마나 다행인가? 욕망의 공장인 머리를 떼어 놓고 들어와야 한다고 하지 않는 게 얼마나 다행인가?'

이런 생각이 들자 불평하던 마음이 사라졌습니다. 불평이 사라진 순간, 나는 내 머리와 목을 만져 보았습니다. 머리와 목은 그대로 붙어 있었습니다. 나는 내 뒤에 서 있는 동행에게 웃으며 말했습니다.

"신발만 벗고 들어오라는 게 참 다행이지?"

동행은 내 말귀를 못 알아듣고 어리둥절한 표정이었습니다. 나는 뚱딴지같이 히브리 경전에 나오는 모세 얘기를 들려 주었습니다.

"호렙 산에서 하느님이 모세에게 '네 발에서 신을 벗으라!' 고 하잖아. 그런데 하느님이 모세에게 신을 벗으라고 하지 않고 네 아집과 욕망의 근원인 머리를 내놓으라고 했으면 모세가 얼마나 황당했겠어, 안 그래?"

"정말 그렇네요!"

"그래서 다행이란 얘기야!"

참배객의 줄이 짧아지며 우리 일행의 차례가 되었습니다. 나는 기꺼이

신발을 벗었지요. 신발을 벗으니 발에서는 발 꼬랑내가 진동을 했습니다. 내 몸 냄새가 틀림없는데도 낯선 짐승의 냄새처럼 역겨웠습니다.

드디어 내 차례가 되었습니다. 맨발로 사원 안으로 들어가니 촛불만 밝혀진 사원 안은 어둑했습니다. 사원 중앙에는 시바상이 모셔져 있었습니다. 시바는 노란 꽃목걸이를 목에 두르고 있었습니다. 나는 시바를 향해 두 손을 모았습니다.

합장을 마치고 눈을 드니, 조금 전의 동자승이 시바상 옆에 붙어 서서 참배객들을 맞이하고 있었습니다.

"나마스떼!"

동자승은 바깥에서 '꼬마 구루냐?' 하고 묻던 나를 기억하고는 먼저 인사를 건네왔습니다. 나는 꼬마 구루를 향해 다시 두 손을 모았습니다. 꼬마 구루는 나에게 바닥에 앉으라고 했습니다. 내가 무릎을 꿇고 바닥에 앉자 그릇에 담긴 붉은 물감을 제 손가락에 묻혀 내 이마에 점을 찍어 주었습니다. 내가 물었습니다.

"왜 이런 걸 찍어 주느냐?"

꼬마 구루가 친절하게 대답해 주었습니다.

"시바신이 당신을 축복하시는 거예요!"

이마에 찍어 준 붉은 표식은 아마도 시바신의 자비를 상징하는 성흔聖痕인 것 같았습니다. 나는 꼬마 구루에게 '빠이, 빠이!' 손을 흔들고 사원 밖으로 나왔습니다.

벌써 밖은 어두워져 있었습니다. 저녁놀을 받아 장엄하던 시바 히말라야의 영봉들도 어둠의 베일 속으로 몸을 감추고 보이지 않았습니다. 어두운 하늘에는 어느새 주먹만한 별들이 그 모습을 드러내고 있었습니다.

나처럼 꿰어야 할 신발도 벗어야 할 신발도 없는 별들은, 맨발로 시바신을 모신 사원 지붕 위를 가볍게 거닐며 반짝반짝 춤추고 있었습니다.

# 개 이야기

1

대문을 열자마자 흙냄새가 물씬 풍겼습니다. 며칠 여행을 다녀온 사이에 내가 세들어 사는 집 마당이 바뀌어 있었습니다. 시멘트로 빤질빤질 싸발려져 있던 마당의 시멘트를 다 걷어 내 버린 것이었습니다.

흙냄새를 흠흠 맡으며 두 발로 마당을 밟으니 폭신폭신했습니다. 숨쉬는 마당으로 바뀐 것이지요. 마당을 일부러 성큼성큼 걸어다녀 보았습니다. 두 발을 편안히 품어 주는 마당, 숨쉬는 마당을 밟으니, 나도 절로 숨이 쉬어졌습니다. 울긋불긋 잎이 물드는 마당 가장자리의 단풍나무, 포도나무, 사발만한 감들을 주렁주렁 매달고 있는 감나무, 언제나 푸른빛을 자랑하는 사철나무들도 편안한 숨을 쉬는 듯했습니다.

서재를 비운 지 며칠 되지 않지만, 딴 집에 온 것 같았습니다. 왜 아니겠습니까. 낡고 딱딱한 옷을 벗고 새 옷을 갈아입은 마당, 아니 새로 태어난 마당이 아니던가요. 나는 새로 태어난 마당을 밟기도 하고, 손으로 시멘트에 눌려 있던 흙을 한 줌 집어 흙냄새를 맡아보기도 했습니다. 내 소유의 마당도 아니지만 그렇게 좋을 수가 없었습니다.

푸른 넝쿨이 늘어진 포도나무 옆에 있는 개가 땅에 엎드린 채 꼬리를 살랑살랑 흔들며 나를 쳐다보았습니다. 엷은 자줏빛 포인트 종의 개인데, 온몸에 박힌 물방울무늬가 더 선명해 보였습니다.

"물방울, 잘 있었어?"

나는 개를 내 멋대로 '물방울'이라 이름 지어 불러왔습니다. 물방울은 정에 인색한 놈입니다. 오직 주인에게만 충성을 바치는 늙은 물방울. 늙은 물방울은 그 늙어 온 연륜으로도 너그러워질 줄 몰랐습니다. 늙어도 관대해질 줄 모르는 사람처럼 늙은 물방울의 주인을 향한 충성은 변치 않았습니다. 벌써 세 해째 얼굴을 마주치지만, 물방울은 다른 개들처럼 반갑게 달려드는 일이 없습니다. 기껏 성을 표시하는 방식이 제 꼬리를 살랑살랑 흔들어 줄 뿐이었으니까요.

물방울은 새로 태어난 마당에 네 다리를 뻗고 편안히 엎드려 있었습니다. 통통 불은 젖을 흙마당에 댄 채 까만 눈알을 굴리며 나를 쳐다보고 있었습니다. 통통 불은 젖을 보니, 문득 달포쯤 전에 낳은 새끼들이 생각났습니다. 물방울을 닮아 물방울무늬가 곱고, 조그만 주둥이로 엄마 젖에 매달려 죽어라고 젖을 빨던 새끼들은 이미 주인이 다 팔아 버린 모양입니다. 물방울의 젖이 저렇게 통통 불어 있는 까닭을 알 것 같았습니다.

사람 같으면 젖몸살이 날 법도 하지만, 물방울은 개라서 괜찮은지 통통 불은 젖을 그냥 흙마당에 댄 채 태평스럽게 늘어져 있었습니다.

그렇게 퉁퉁 불은 젖을 늘어뜨리고 있는 모습이 마치 갓 태어난 어린 지구에 젖을 물리고 있는 것 같은 느낌이 들었습니다. 그래, 맞아. 갓 태어난 어린 지구고 말고!

그 동안 시멘트 마당에 엎드려 있던 물방울만 봐 와서 그런 느낌이 드는 것인지도 모릅니다. 이제 저 개는, 물방울은, 제가 앉아야 할 자리에 앉은 거야. 갓 태어난 흙마당이야말로 물방울의 자리지.

물방울은 흙마당에 납죽 엎딘 채 자줏빛 코로 흙을 문지르기도 하고, 입으로 붉은 흙을 파헤쳐 입에 넣고 우적우적 씹기도 했습니다. 흙맛은 어떤 맛일까. 개천에 나가 자갈밭에서 주워 입에 넣어 보았던 아무 맛도 없던 돌맛 같지 않을까. 물방울이 맛있게 씹는 흙맛이 어떨까 궁금했지만, 나는 흙을 내 입으로 가져다 우적우적 씹지는 않았습니다.

2

나는 본래 개를 좋아하지 않습니다. 딱히 무슨 까닭이 있어서 개를 싫어하는 것은 아닙니다. 내가 개를 좋아하지 않으니, 개들도 나를 좋아하지 않습니다. 하지만 아내는 개를 좋아합니다.

개들은 거의 영물에 가까운지라 누가 저를 좋아하는지 싫어하는지 금방 알아채는 것 같습니다. 집에서 개를 기르면 개들은 아내에겐 살랑살랑 꼬리를 흔들며 달려들지만, 나에 대해서는 언제나 경계의 눈빛을 거두지 않습니다.

동해안에서 살 때 진돗개 한 마리를 이웃에서 얻어다 기른 적이 있었습니다. 갓 젖 떨어진 놈을 데려왔는데, 이름을 지으라고 하길래 '무문이'라고 지어 주었습니다. 문 없는 집에 산다고 별 생각 없이 무문無門이라고 지어 주었던 거지요.

우리 집을 다녀간 어떤 소설가는 개 이름을 듣고 '심오한' 이름이라며 웃었습니다. 그런 심오한 이름을 지어 주었는데도 영리하다는 진돗개답지 않게 아무나 보고 짖어 대곤 했습니다. 영리한 개들은 몇 번 집을 다녀간 사람을 보면 더 이상 짖지 않는데, 무문이는 식별력이 부족한 지 주인에 대한 충성심이 많아서 그런지 계속 짖어 댔습니다.

나는 무문이의 이런 무분별한 태도가 싫어 까닭 없이 짖어 대는 날은 야단도 많이 쳤습니다. 하지만 무문이는 주인의 꾸지람도 들을 때뿐이었지요. 한 돌이 지나 장가 들일 때가 되었는데도 무문이는 내 생각대로 길들여지지 않았습니다. 나는 무문이 길들이기를 포기하고 말았습니다.

하루는 집에서 아이들 몸보신을 시킨다고 쇠뼈다귀를 삶았습니다. 쇠뼈다귀는 세 번은 우려내야 제 맛이 납니다. 그렇게 우려낸 국물을 식구들이 다 먹고 나면 솥바닥에 남은 뼈다귀는 무문이 차지였습니다. 아내는 솥에서 건져 낸 한 바가지나 되는 뼈다귀를 무문이의 밥그릇에 담아 주었습니다. 밥그릇이 뼈다귀로 수북했습니다. 뼈다귀를 본 무문이는 단숨에 다 먹어치울 것처럼 달려들었습니다만, 한두 개를 천천히 씹어 먹고 나머지는 밥그릇에 남겼습니다. 아침에 준 뼈다귀가 저녁이 되도록 많이 남아 있었습니다.

이튿날 아침이었습니다. 바깥에 나갔던 아내가 나를 불렀습니다.
"여보, 좀 나와 봐요!"
"무슨 일인데요?"
문밖에 있던 아내는 내가 문을 열고 나가자 입을 다물라는 손짓을 하며 무문이를 가리켰습니다. 나는 산자락 밑에 있는 무문이를 살펴보았습니다.
무문이는 제 집 뒤의 비탈진 땅을 주둥이로 공들여 파고 있었습니다. 가뭄이 들어 땅이 딱딱할 때였는데, 주둥이로 땅을 파다가 여의치 않자 무문이는 앞발로 땅을 파헤쳤습니다. 무문이는 다른 개들보다 발이 크고 발톱도 날카로웠습니다. 한참 동안 땅을 파 내어 작은 구덩이를 만든 무문이는 그 구덩이 속에 밥그릇에 남아 있던 쇠뼈다귀를 물어다 밀어 넣었습니다. 그리고는 다시 두 발로 흙을 떠다가 구덩이를 묻었습니다.
뼈다귀를 다 묻은 무문이가 돌아서자 아내가 말했습니다.
"여보, 무문이가 사람보다 낫지 않아요?"
"사람보다 낫다니?"
"저거 좀 봐요, 사람은 배가 불러도 배 터지는 줄 모르고 꾸역꾸역 제 뱃속에 집어넣는데, 무문이는 일단 배가 부르니까 저렇게 파 묻어 두잖아요. 당신은 무문이가 더 영리하지 못하다고 더러 구박을 하는데, 저걸 보면 영리하다는 사람보다 차라리 개가 낫다는 생각이 드네요."
"허허…… 그려그려. 당신 말이 백 번 맞구먼!"
그런 일이 있고나서부터, 나는 무문이가 영리하지 못한 놈이라고 더

이상 타박하지 않았습니다. 그리고 무문이에게 헌시獻詩까지 써서 바쳤습니다.

아, 그래, 저 놈은
제 배가 불러도 터질 줄 모르고
아귀처럼 아귀아귀 먹어 대는 인간들보다 낫구나.
성스러움의 '성聖' 자도 모르는 놈이지만
인간이 먹다가 버린 뼈다귀조차
저렇게 성화하고 있구나!

―졸시〈누렁이〉의 부분

3
지난 겨울 네팔 여행 중에 이상한 개 한 마리를 만났습니다.
네팔 여행의 하이라이트는 푸르고 맑은 페와 호수에서 뱃놀이를 하며 우뚝 솟구친 히말라야를 감상하는 것이었습니다. 나는 일행과 함께 배를 타고 푸른 호수를 향해 막 나아가고 있었습니다. 하늘은 맑고 호수는 바람 한 점 없이 잔잔했습니다. 배를 저어 앞으로 나아가자, 물 위에는 히말라야의 흰 봉우리들이 어릿어릿 비추기 시작했습니다. 모두들 물 위에 비친 물고기 꼬리 모양의 흰 마차뿌치레 영봉이며 안나푸르나 영봉을 보고 탄성을 질렀습니다. 흰 영봉은 물 바깥에도 우뚝 솟아 있었고, 물 속에도 거꾸로 잠겨 어른거렸습니다. 우리는 두 개의 눈으로 위와 아래를 올려다보다가 내려다보고, 내려다보다가 올려다보며 황홀에 겨워했습니다.

십여 분쯤 그렇게 호수로 나아갔을까, 호숫가 언덕 위에 검정개 한 마리가 보였습니다. 흰 줄무늬를 발과 어깨에 가늘게 두르고 있었으나, 개의 몸은 검정빛을 휘감고 있었습니다.

검정개는 우리를 내려다보고 있는 것도 아니고, 그냥 먼 데를 바라보고 있는 것 같았습니다. 일행 중에 누군가 개를 향해 손짓했지만, 개는 요동도 하지 않았습니다. 그냥 그렇게 먼 데를 바라보고 있을 뿐이었습니다.

우리는 넓고 긴 호수를 한 시간쯤 돌며 히말라야를 감상한 뒤 다시 배를 몰아 돌아오는 길이었습니다. 검정개가 서 있던 언덕 가까이 이르렀을 때, 내 맞은편에 앉아 있던 아내가 먼저 검정개를 발견하고 소리쳤습니다.

"아까 그 검정개가 아직 저렇게 꼼짝도 않고 서 있군요."

신기한 일이었습니다. 돌아보니 아내의 말대로 검정개는 한 시간쯤 전의 포즈 그대로 서 있었습니다. 여전히 시선을 먼 데 두고 그렇게 서 있었습니다.

나는 문득 인도의 오래된 이야기인 〈마하바라타〉에 나오는 유디슈트라의 개가 생각났습니다.

유디슈트라는 오랜 전쟁이 끝나자 세속적인 삶을 청산하기로 결심합니다. 자신의 왕위는 다른 이에게 넘겨 주고 사랑하는 처자를 이끌고 히말라야 너머 신들이 살고 있다는 메루 산으로 향합니다.

어느 마을을 지나면서 우연히 개 한 마리가 일행이 됩니다. 일행은 북으로 북으로 걷습니다. 여행은 참으로 힘들고 어려운 고비가 많았습니다. 이 기나긴 여정에서 함께 떠난 많은 이들이 죽음을 맞이합니다. 유디슈트라는 자기가 사랑했던 사람들이 죽어 가는 것을 비탄에 젖어서 바라볼 뿐입니다. 그러나 그는 고단한 여행길을 꾸준히 걸어갔고, 뼈만 앙상한 개만이 조용하고 충직하게 그를 따랐습니다.

마침내 그가 신들이 사는 메루 산에 이르렀을 때, 유디슈트라와 개는 거의 탈진에 이르렀습니다. 그때 흰 눈이 덮인 산봉우리에서 천둥치는 소리가 들리며 전차에 오른 인드라가 나타났습니다. 인드라가 유디슈트라를 반기며 말합니다.

"유디슈트라, 나는 너를 데리러 왔노라. 자, 어서 전차에 오르라."

그러자 유디슈트라는 공손히 예를 갖춰 대답합니다.

"인드라 신이시여, 저는 사랑하는 형제들과 아내없이 천국으로 가고 싶지 않습니다."

"너의 형제와 네 아내는 이미 천국에 당도해 있도다. 너는 육신을 끌고 오느라 이렇게 늦은 것이다. 천국에 들면 모두 만날 것이다. 자, 어서 전차에 오르라."

인드라의 말을 듣고 유디슈트라가 개를 안고 전차에 오르려 하자, 인드라가 거세게 밀치며 소리칩니다.

"안 된다. 개는 천국에 들어올 수 없다."

산이 쩌렁쩌렁 울리는 천둥소리와 함께 전차에서 밀려난 유디슈트라는 인드라에게 사정을 합니다.

"저는 멀리서부터 이 개와 함께 동행했습니다. 이 충직하고 헌신적인 친구를 저는 버릴 수 없습니다. 저는 그를 이 산에 홀로 버려 둘 수 없습니다. 만일 함께 갈 수 없다면 저도 가지 않겠습니다."

"지금까지의 길고 험한 길을 걸어온 대가로 너는 이제 불멸을 얻을 것이다. 자, 어서 개를 버리고 전차에 오르라. 개를 버리는 것은 죄가 되지 않는다."

"그러나 인드라 신이시여, 제가 개를 버리면 그가 이 산 속에서 어디로 가겠습니까? 머나먼 길을 친구로 함께 온 그를 버릴 수 없습니다."

"그렇다면, 너는 어찌해서 사랑하는 형제와 아내를 버리고 왔는가? 그들은 버리면서 어찌하여 개를 버릴 수 없다는 것이냐?"

"그들은 죽음을 맞이했기에 저는 그들을 도울 수 없었습니다. 작은 숨만 붙어 있더라도 내버려두지는 않았을 것입니다. 저는 그들의 생명을 다시 찾아 줄 수는 없었습니다."

거듭 되는 유디슈트라의 항변에 인드라가 분노하여 소리쳤습니다.

"그렇다면 너는 개 때문에 천국을 포기하겠느냐?"

"인드라 신이시여, 저는 살아오면서 한결같이 지켜온 맹세가 있습니다. 환란으로부터 저의 보호를 구하는 자, 괴롭힘을 당하여 궁핍한 자, 너무나 쇠약하여 자기 스스로 살 수 없는 자, 이 세 가지는 결코 버리지 않았습니다. 그러나 저는 이제 한 가지를 더 추가하겠습니다. 그것은 저에게 헌신한 존재를 버리지 않겠다는 것입니다."

이런 말을 마친 유디슈트라는 개를 안고 슬픈 마음으로 돌아섰습니다. 그 순간, 놀라운 기적이 일어났습니다. 그 동안 동행했던 뼈만 앙상한 개가 유디슈트라의 품 안에서 다르마 신으로 모습을 바꾼 것이었습니다. 인드라 신이 기뻐하며 유디슈트라에게 말했습니다.

"유디슈트라야, 너는 착한 사람이로구나. 우리는 너를 시험했다. 너는 너에게 충실한 사람에게 성실함을 보여 주었다. 비천한 개를 포기하기보다 천국을 포기하는 네 마음은 천국에 들어올 자격이 있음을 말하는 것이다. 너는 천국에서도 존경을 받을 것이다. 그 이유는 비천한 이웃을 동정하는 일보다 더 가치 있고, 더 풍부하게 보상받을 일이 없기 때문이다. 자, 이제 전차에 오르라!"

이상한 검정개를 보고 유디슈트라의 이야기가 떠오른 것은 너무나 당연한 것인지도 모릅니다. 페와 호숫가 언덕 위에 있던 검정개 역시 뼈만 앙상했기 때문입니다. 더구나 검정개가 서 있는 배경에 영산 히말라야가 솟아 있었기 때문이지요.

요가를 공부하며 〈마하바라타〉를 읽은 적이 있는 아내 역시 검정개를 보며 유디슈트라의 개가 생각난다고 했습니다. 때로 좀 엉뚱한 상상을 좋아하는 아내는 행복한 미소를 지으며 말했습니다.

"혹, 다르마의 화신이 아닐까요?"

아무튼 여행의 하이라이트에서 만난 검정개, 우리는 그 검정개 때문에 십만 행이나 되는 그 긴 이야기 가운데 가장 아름다운 이야기를 다시 떠올릴 수 있어서 행복했습니다. 그리고 자기에게 헌신한 존재를 버리지 않겠다는 유디슈트라의 아름다운 금언金言도 꺾쇠를 나무에 박듯이 가슴에 깊이 아로새겼습니다.

## 어, 송아지가 뛰네!

젊은 날, 홍천의 한 오지에서 둥지를 틀고 살 때의 일입니다.

그해 겨울은 몹시 추웠습니다. 아침에 일어나니, 남향으로 난 창유리에는 은빛 성에꽃이 활짝 피어 있었습니다. 느닷없이 전화벨이 울리고, 아침밥을 짓다가 말고 들어와 수화기를 든 아내가 전화를 바꿔 주었습니다.

"저 양순 엄만데유, 큰 일 났시우. 빨리 좀 와 주시유."

"큰 일이라뇨? 무슨……."

내가 묻기도 전에 상대는 자기 말만 하고 전화를 뚝 끊어 버렸습니다. 아랫말에 사는 양순 엄마였습니다. 본래 무뚝뚝하고 상대를 배려하지 않는 성품을 지닌 사람이었습니다. 좀 언짢았지만, 나는 '큰 일'이 났다고 하는 말에 벌떡 자리에서 일어나 털잠바를 대충 걸쳐 입었습니다.

"무슨 일이래요?"

"글쎄, 나도 모르겠어. 큰 일이라는데, 할아범이 무슨 탈이 났는지도 모르지."

할아범이라고 내가 부른 이는 양순 엄마의 남편이었습니다. 양순 엄마는 첫 번째 부인과 사별한 양순 아버지와 십여 년 전에 부부의 연을 맺었다고 하는데, 양순 엄마는 아직도 살이 피둥피둥해 오십 대로 보이고 양순 아버지는 칠순이 가까운 할아버지였습니다.

집 바깥으로 나오니, 매서운 골바람이 쌩쌩 몰아쳤습니다. 그래도 나는 '큰 일'이라고 했던 양순 엄마의 다급해 하는 목소리가 맴돌아, 창고에서 자전거를 꺼내 탔습니다. 여기저기 녹이 쓴 낡은 자전거는 몹시 심하게 털털거렸습니다. 털털거리건 말건 나는 잔설이 듬성듬성 깔린 미끄러운 길을 요리조리 피해 가며 힘껏 페달을 밟아 양순네 집으로 향했습니다.

"어서 오시우! 추운데 자전거를 타시구……."

양순이 엄마는 내가 오기를 기다린 듯 대문 밖에 나와 있었습니다. 바깥에서 나는 인기척을 들은 듯 양순 아버지도 허연 수염을 날리며 나와 반갑게 맞아 주었습니다.

"아니, 무슨 큰 일이지요?"

나는 우선 그것이 궁금해 서둘러 물었습니다. 큰 일이라며 무례한 전화를 한 장본인답지 않게 양순 엄마는 빙긋이 웃으며 대꾸했습니다.

"큰 일이지라우. 글쎄, 우리집 소가 새끼를 낳았는데, 이 놈의 송아지가 젖을 못 빨지 뭐예유. 농사꾼이 이보다 큰 일이 어디 있어라우?"

양순 엄마의 얘기를 듣는 순간, 나는 픽, 헛웃음부터 나왔습니다. 그리고 속으로, 송아지가 젖을 못 빠는데, 날더러 어쩌란 말인가, 하고 중얼거렸습니다.

나는 양순 아버지의 안내로 살림집 맞은편에 있는 마구간으로 갔습니다. 겨울인데도 두엄 냄새가 진동을 했습니다. 소 두 마리쯤이 들어갈 마구간에는 마른 짚이 두툼하게 깔려 있었습니다. 워낙 추운 날씨라 허연 콧김을 쉭쉭 내뿜고 있는 어미 소 옆에 어제 낳았다는 송아지가 야윈 모습으로 서 있었습니다. 세상에 나와 젖을 먹지 못했다기에 그렇게 보였는지도 모르겠습니다.

어미 소는 지난해에도 들판에서 논밭을 갈 때 본 적이 있는 놈이었습니다. 이 산골짜기에도 벌써 여러 해 전부터 경운기가 보급되었기 때문에 소에 쟁기를 메워 논밭을 가는 풍경을 구경하기란 드문 일이었습니다. 그래서 지난해 양순 아버지가 밭을 갈 때 일부러 쟁기 멘 소가 논밭을 가는 광경을 한나절쯤 물끄러미 지켜본 적도 있었습니다. 그리고 사진작가 친구가 서울에서 내려왔을 때도 소가 밭 가는 광경을 찍도록 안내해 준 적도 있었습니다. 친구는 이제 곧 낡은 골동품처럼 취급될 풍경을 담아 가겠다며 공들여 사진을 찍었었습니다. 그때 친구가 사진을 찍던 날은, 양순 아버지가 소 두 마리에 쟁기를 메워 뒷산 아래께 있는 비탈밭을 갈았습니다. 그 밭은 돌이 많은 밭이었기 때문에 소 두 마리가 끄는 쟁기라야 했습니다. 뒤에 나는 그 풍경을 시로 담기도 했습니다.

네 시린 등짝에 얹힌
멍에 무거워 괴로울 땐,
홍천 땅 늙은 양순 애비

두 마리 소에 빛나는 쟁기를 메워 돌 많은
황토빛 산비알 밭을 갈던 땀 밴 풍경을 그려 보아라.

왕방울 같은 두 눈 꿈뻑꿈뻑 마주치던
두 마리 소,
그 무거운 멍에 나눠지고
연초록 봄 풀잎 막 돋아나던 산비알 밭을
단숨에 갈아엎던
그 싹싹한 갈음질을 새겨 보아라.

낮은 산자락의 고운 아지랑이 피워 올리던
늙은 양순 애비의 파릇파릇한 쟁기질을.

-졸시,〈파릇파릇한 쟁기질〉

아무튼 나는 젖 못 빠는 송아지를 위해 내가 할 수 있는 일이 뭘까, 하고 궁리하고 있는데, 양순 엄마가 다짜고짜 이렇게 말하는 것이었습니다.
"목사님, 뭐하고 계시우? 송아지를 위해 기도해 주시잖구!"
나는 퍼뜩 정신이 들었습니다. 이때 목사가 할 수 있는 일이란, 양순 엄마 말대로, 기도해 주는 것 말고 무엇이 또 있겠습니까.
나는 헛웃음이 자꾸 나왔지만, 양순 엄마가 시키는 대로 송아지를 위해 기도하기로 작심했습니다. 사람들을 위해서 기도해 본 적은 있었지만, 짐승을 위해 기도하는 것은 처음이었습니다.

 나는 곧 마구간으로 조심조심 걸어 들어갔습니다. 양순 아버지는 내가 마구간으로 들어가려 하자 혹시 있을지도 모를 불상사를 미연에 방지하려는 듯 어미 소의 코뚜레를 움켜잡았습니다. 그 사이에 나는 어미 소 옆에 서 있던 송아지를 덥석 끌어안았습니다. 송아지는 버둥거리지도 않고 가만히 있었습니다. 갓 낳은 송아지를 끌어안아 보는 것도 오랜만이었습니다. 어릴 적 시골에서 살 때 송아지를 안아 본 후 처음이었습니다. 송아지의 몸은 따뜻했습니다. 날씨가 워낙 춥고 마침 부엌 쪽을 들여다보니, 아궁이에 장작이 타고 있길래 나는 송아지를 안고 아궁이 앞으로 갔습니다. 활활 타는 장작불 앞에 앉으니 온몸이 훈훈해졌습니다. 뒤따라온 양순이 엄마 아버지도 내 옆에 쪼그리고 앉았습니다.

 나는 아궁이 앞에서 송아지를 끌어안은 채 눈을 감았습니다. 눈을 감으니 문득 눈시울이 뜨거워졌습니다.

 "만물의 주인이신 하느님, 이 어린 송아지의 생명도 하느님이 주셨지요? 그런데 엄마 젖을 빨지 못한답니다. 가엽고 측은하네요. 어서 어미 젖을 잘 먹고 무럭무럭 자라서 논밭도 잘 갈 수 있도록 도와 주십시오……."

 무슨 말이 필요 없었지만, 그래도 나는 누구에게 간곡히 부탁하듯이 중얼중얼 기도를 올렸습니다. 아주 짧은 기도였습니다. 난생 처음으로 짐승을 위해 드린 기도였으나, 그 동안 사람을 위해 드린 기도 못지 않게 나는 정성을 기울였습니다.

기도를 마치고 품에 안고 있던 송아지를 들여다보았습니다. 송아지는 글썽글썽한 눈망울로 저를 들여다보고 있는 나를 멀뚱하니 쳐다보았습니다.

"고마워유…… 송아지를 위해 다 기도해 주시니……."

양순 엄마도 내가 송아지를 위해 기도한 것이 우스운지, 고맙다는 말을 해 놓고는 먼 산을 쳐다보며 벙글거렸습니다.

양순 아버지가 내 품에 있던 송아지를 받아 안았습니다. 그리고는 젖을 먹여야 한다며 양순 엄마에게 어미 소에게서 짜 놓은 젖을 가져오라고 일렀습니다. 양순 엄마는 곧 양은주전자에 짜 놓은 젖과 고무장갑을 가져왔습니다. 나는 고무장갑은 왜 가져왔나 궁금해 하며 지켜보았습니다. 주둥이가 긴 송아지에게 맞는 젖병을 구할 수 없었던지, 고무장갑의 장지의 끝에 구멍을 뚫고 고무장갑에 젖을 부어 송아지에게 빨게 할 모양이었습니다. 아니, 송아지가 잘 빨지 못하니, 고무장갑의 장지를 송아지 주둥이에 물리고 아예 젖을 들이부었습니다. 이가 없으면 잇몸으로 산다고, 급한 대로 고안해 낸 방식이 우습기도 하고 대견기도 했습니다. 나는 그것을 보며 어떻게든지 송아지를 살리려는 그네의 몸부림이 안쓰럽게 느껴져 가슴이 뭉클하기까지 했습니다.

한참 동안 법석을 떨며 송아지에게 젖을 먹인 양순 엄마는 송아지를 위해 기도해 준 나를 위해 아침상을 차렸습니다. 소찬의 밥상이었지만, 밥맛이 꿀맛이었습니다. 공복이었기 때문이겠지요. 밥을 먹고 나오다가

보니, 마구간에 있는 어미 소는 젖이 퉁퉁 불어 있었고, 소의 길쭉한 유두에서는 흰 젖이 뚝뚝 흐르고 있었습니다. 나는 그걸 보고 나오며 다시 한 번 빌었습니다. 송아지가 어서 젖을 잘 빨 수 있게 해 달라고!

그런 일이 있고 나서 이틀 뒤였습니다. 마침 주일主日이었습니다. 11시에 공동예배가 있는데, 채 10시도 되지 않아서 문 두드리는 소리가 났습니다. 빼꼼 문을 열고 나가 보니, 양순 엄마였습니다.

"목사님, 오늘 아침 드디어 송아지가 젖을 빨었시유!"

"그게 정말이에요?"

"그렇다니께유!"

퉁퉁한 양순 엄마의 얼굴은 정월 대보름달처럼 환했습니다. 양순 엄마는 잃어버린 자식이라도 찾은 듯이 기뻐했습니다. 나도 기뻤습니다.

그날 공동예배를 마친 뒤, 나는 양순 엄마를 따라 이제 젖을 빨게 되었다는 송아지를 보러 갔습니다. 양순네 집 대문이 저만치 보이는데, 대문 안에서 송아지가 어슬렁어슬렁 걸어나오는 것이었습니다. 대문을 나온 송아지는 잔설이 드문드문 널려 있는 공터로 가더니, 뭐가 좋은지 공터의 잔설을 밟으며 경중경중 뛰기까지 했습니다.

"어, 송아지가 뛰네, 뛰어!"

내가 놀라서 소리치자 곁에 있던 양순 엄마도 즐거운 목소리로 노래의 후렴을 읊듯이 소리쳤습니다.

"어, 놈이 뛰네유, 뛰어!"

# 내 인생의 자명종

아무래도 나는 함량 미달의 인간인가 봅니다. 스무 살짜리 섬 처녀를 온갖 감언이설로 꼬여 곁님으로 삼아 데리고 살던, 내 나이 서른의 그 꽃다운 시절부터 함량 미달의 인간이었다는 생각을 금할 길이 없습니다. 그래도 앞날이 창창하던 젊을 땐 내일이면 좀 나아지겠지, 나아지겠지, 하고 뻔히 속는 줄 알면서도 기대 반 미련 반해서 잘도 버텨왔는데, 이제 마흔하고도 절반을 훌쩍 뛰어넘은 곁님은 더 이상 속을 까닭이 없다는 듯 이따금씩 내 속을 왈칵 뒤집어놓습니다.

얼마 전의 일이었습니다. 모처럼 춘천에서 몇몇 시인들과 복사꽃놀이를 다녀오면서 곁님은 느닷없이 나를 풍선 띄우듯 하늘로 붕붕 띄워 올리는 것이었습니다.

"아무리 생각해도 당신은 21세에 참 적합한 인간형이라는 생각이 드는군요!"

어허, 어허, 이게 도대체 뭔 귀신 씨나락 까먹는 소린가. 요가인가 뭔가를 열심히 하더니 청천하늘에 뜬 헛 별을 보았나, 아니면 밤낮으로 눈을 찔끈 감고 명상을 하더니 저 높이 계신 하늘님의 광활하고 광활한 맘을 지니게 되었나.

"뜬금없이 그게 뭔 말이요?"
"뭔 말은요! 21세기엔 멀티플레이어라야 살아남을 수 있다잖아요?"
"그런데?"
"바로 당신이 멀티형이라는 거지요."
"허허, 멀티?"
"생각해 보세요. 당신이야말로 전문직을 세 개씩이나 가지고 있으니! 시인에다가 목사, 그리고 시간강사긴 하지만 어쨌든 학생들을 가르치는 교수까지 하잖아요!"
"허허, 그래, 들어 보니, 그럴 듯하긴 하군."

이렇게 대꾸해 놓고도 나는 왠지 조마조마하고 벌렁거리는 심사를 가눌 길이 없었습니다. 아니나 다를까요.

"그렇긴 한데요. 그렇게 세 가지씩이나 되는 전문직을 가지고 있으면서도 제대로 벌어오는 게 없다는 게 문제지요."

그러면 그렇지! 진작 내 그렇게 나올 줄 알았습니다. 하늘로 붕붕붕 띄울 때부터 왠지 불안했거든요. 나는 문득 대꾸할 말이 없어 시선을 차창 밖으로 휙 돌려 버렸습니다. 그렇다고 그까짓 곁님의 말에 토라지거나 삐친 건 아니었습니다. 차창 밖에는 내 분통 터지는 맘을 아는지 모르는지 진달래며 산벚꽃이며 흰싸리꽃들이 헤프디헤픈 웃음을 지천으로 흘

날리고 있었습니다.
 "삐쳤어요? 내가 그런 말했다구?"
 "내가 뭐 앤가? 삐치게!"
 다시 얼굴을 돌려 곁님을 바라보니, 그렇게 말한 것이 미안한 듯 실실 웃고 있는 것이 아니겠습니까. 그리고 그 실실거리는 웃음 뒤에, 당신이 그런 깜냥의 인간인 건 이미 오래 전에 알고 있으니, 더 이상 기대도 미련도 없다는 담담해 하는 분위기가 느껴져 왔습니다.
 사실 나는 한 집안의 가장으로서 곁님에겐 별로 할 말이 없습니다. 가장이면 가장 노릇을 제대로 해야 하는데, 말만 가장이지 맘 놓고 돈 한번 번듯하게 쓰도록 해 줘 본 적이 없었던 겁니다. 자식들도 이제 대가리가 다 커서, 기둥뿌리라도 몽땅 뽑아 놓을 듯이 있는 돈 없는 돈 다 꿍쳐가는 데도, 가장이라는 작자는 시 씁네 여행합네 하며 허구헌날 놀고만 있으니, 맘 착한 여인네이기에 망정이지, 그렇지 않았으면 벌써 집안에서 소박을 맞아도 열두 번도 더 맞았을 겁니다.
 그렇다고 내가 남만큼 돈 벌려고 노력을 전혀 안 해 본 것은 아니었습니다. 큰 돈벌이는 못 되어도 좀 벌어 보려고 이런 글 저런 글도 쎄빠지게 써 보았지만, 글재주가 없어선지 시쳇말로 재수가 없어선지 그놈의 돈은 언제나 나를 살살 피해만 다녔습니다.
 돌고돌고돌아 돈이라는데, 그렇게 돌다가 내 앞에서 이따금 미친 척하고 안겨 줄 법도 한데, 나에게 와 덥석 안겨 주는 눈먼 돈은 없었습니다. 아무리 돈이 궁하지만, 시 쓴다고 깝죽대고 도가 어쩌고 하며 깝죽대는 주제에, 로또복권 따위를 사서 대들보에 매달아 놓고 감 떨어지기 기다리듯 목 빠지게 기다릴 수 야 없는 노릇 아니겠습니까.

그래도 곁님에게 고마운 건, 이런 사나이의 마지막 자존심을 파수꾼처럼 든든히 지켜 준다는 것입니다. 해서 곁님에게만은 아침에 일어날 때마다 오체투지하듯 절을 올리고 또 올리고 싶은 마음뿐인 것이지요.

"여보, 오늘 소하素何 선생네나 좀 들려 갈까?"

"그러지요, 뭐!"

갑자기 왜 소하 선생네예요. 곁님은 그렇게 묻지 않고 순순히 따라 주었습니다. 소하 선생이라는 이는 가장 노릇 제대로 못 하는 데는 나보다 한 수 위인 양반이지요. 내심 나는 그래도 내가 소하 선생보다는 낫지 않냐, 하는 것을 은근히 과시하고 싶었는지도 모릅니다. 물론 도토리 키 재기일 뿐이라는 것 또한 모르는 바 아닙니다.

식구들이 여럿 딸려 있지만, 일찍이 옻나무하고 혼례를 올렸는지, 그 나무에서 나오는 시커먼 옻진을 나무에만 바르지 않고 누덕누덕한 자기 옷깃이며 몸에까지 덕지덕지 처바르며 사는 칠기장인, 그게 소하 선생의 초상입니다.

언젠가 그의 삶을 시로 쓰면서 '송곳 꽂을 땅 한 평 없는 가난' 운운한 적이 있는데, 그렇게 시에다 쓴 게 벌써 강산도 변한다는 십 년이 훌쩍 넘었으나, 그놈의 가난은 예나 이제나 선생의 품을 떠나 주지 않았습니다. 엉덩이에 굳은살이 박히도록 작품에 몰입해 온 선생의 삶을 세상은 왜 그렇게 몰라 주는지.

돈께나 있는 작자들은 빌딩이나 땅 투기하는 데는 혈안이 되어 있으면서도 가난한 예술가의 삶에 대해서는 강 건너 불구경하는 꼴이 돼 있는 게 문화대국 운운하는 이 잘난 나라의 형편입니다. 그래도 소하 선생의 딱한 형편을 누군가 감지했던지, 아니면 요로코롬 우리도 문화에 관심이 있다는 걸 생색을 내고 싶었던지 시 당국에서 작업실이 없어 이리저리 떠돌던 선생을 오랫동안 버려진 산골 폐교에 가 살도록 해 주었습니다. 어른 키를 훌쩍 넘도록 커 버린 퍼런 쑥대와 거미줄만 무성했던 폐교. 선생은 바로 이런 곳이 내가 살아야 할 곳이라며, 용감하게 솔가해 들어가서 쑥대 걷고 거미줄 걷어 내어 폐교를 번듯한 예술 공간으로 바꿔 놓았습니다.

 비포장도로를 접어들면서 헤아려 보니, 내가 선생의 작업실을 찾아왔던 것이 벌써 반 년이 훌쩍 넘었습니다. 꼬불꼬불한 길옆으로는 물이 잔뜩 오른 실버들이 개천 속으로 연둣빛 이파리가 막 돋아나는 긴 나뭇가지를 쭉쭉 드리우고 있는 모양이, 꼭 상큼한 숫처녀들의 길게 늘어뜨린 긴 머리칼처럼 보였습니다.

 조금 더 차를 몰아 작은 다리를 건너 커브를 트는데, 동학 2대 교주 해월海月 최시형의 피체被逮를 기념해 세운 돌비가 기우뚱하니 눈에 들어왔습니다.

 "여보, 여기 잠깐 차 좀 세웁시다."

 내가 몇 해 전 원주로 솔가하면서 오늘처럼 소하 선생을 찾아오다가 처음 이 돌비를 보았었지요. 그리고 그 돌비에 정을 주게 된 것은, 거기에 써 있는 해월의 법설法說보다는 이 돌비를 세운 분이, 지금은 딴세상 분이 된 무위당 장일순 선생이었기 때문이었습니다. 해월의 글이지만, 무위당 선생의 체취가 듬뿍 묻어 있어서, 이리로 지날 때마다 가끔씩 들르곤 합니다.

天地 則 父母요, 父母 則 天地니,
天地父母는 一體也라.

뜻을 쉽게 새겨 보면, 하늘땅이 곧 어버이요 어버이가 곧 하늘땅이니, 하늘땅과 어버이는 한 몸이라는 그런 뜻이지요. 다시 말하면 풀 한 포기, 돌멩이 하나라도 어버이처럼 공경하라는 것인데, 이 글귀를 다시 읽어 보니 새삼 가슴이 훈훈해지고, 무위당 선생의 해맑은 얼굴이 아삼삼하니 떠오릅니다.

선생이 딴세상 분이 된 지도 곧 10년이 됩니다. 내가 선생을 처음 만난 게 건강하실 때이니 족히 20년 가까이 되는 셈이지요. 원주 변두리 봉산동에 있는 선생의 집에서 처음 대면했는데, 알뜰살뜰히 돌보지 않는 선생의 집 마당은 들짐승들이 여기가 바로 내 거처요, 하고 찾아들어 둥지를 틀고 기거할 듯 온갖 잡초와 나무들로 뒤덮여 있었습니다. 일정한 직업도 없이 먹장난이나 하시며 우리 시대의 마지막 선비처럼, 혹은 도인처럼 사시던 선생은, 당신 집안에 대해 무심하기는 나나 소하 선생보다도 한 수 위였습니다. 세상 명리에 밝은 이들이 보면 한심하게까지 느껴

졌을, 당신 집안에 대한 그 무심함은 오늘 나 같은 위인에게도 전염된 것인지도 모릅니다.

바로 곁에 있는 곁님에게 이런 얘기하면 좀 그럴 싸 한 걸 본받지 그런 것만 본받는다고 또 퉁아리를 놓겠으나, 나도 그게 내 맘대로 안 되는 걸 어쩌겠습니까. 하여간 내 인생에서 만난 이들 가운데, 선생을 몇 번 뵙지는 못했지만, 내 곤핍한 젊은 시절 정처를 잃어 방황에 방황을 거듭할 때, 선생은 내 방황을 멎게 해 준 이정표였고, 잠든 내 혼을 일깨워 준 자명종이었습니다. 지금도 이따금 삶이 혼미할 때는 천둥소리처럼 울리던 그 자명종 소리에 귀를 기울이곤 하지요.

"자네가 바로 하느님이여!"

돌비 옆에 엉덩이를 붙이고 앉아 이런저런 상념을 씹고 있는데, 먼저 차에 오른 곁님이 빵, 빠앙 클락션을 누르고 난리법석입니다. 그래, 곁님도 내 인생을 깨우는 자명종이지! 제발, 그만 누르시우, 탈 테니까!

소하 선생의 작업실은 멀지 않습니다. 큰 저수지 옆을 지나 온갖 상록수들을 잘 가꿔 놓은 수목원을 지나면 바로 폐교가 나타납니다. 명패조차 없는 교문을 들어서서 퍼런 녹이 잔뜩 쓴 이순신 장군 동상과 독서하는 어린이상이 나란히 서 있는 교실 앞에 당도하니, 벌써 옻진 냄새가 진동을 하는 듯합니다. 곧 낡은 문이 드르륵 열리고 내가 왕눈이라고 부르는 소하 선생의 큰 눈망울이 빼꼼 나타나 우리를 반갑게 맞아 줍니다.

왕눈이 형, 우리 왔어!

# 달게 먹은 밥

장맛비가 흐벅지게 쏟아지던 날, 녹음으로 우거진 깊은 골짜기를 지나 시골교회로 향했습니다.

시골교회라 하면 그냥 시골에 있는 교회려니 생각하는 분들이 있겠으나, 그야말로 시골의 향과 빛과 색이 살아 있는 교회였습니다. 산과 들에 널린 울퉁불퉁한 돌들을 주어다가 지어진 듯한 아담한 시골교회에는 몸이 성치 않은 분들이 모여 알콩달콩 어울려 살고 있었지요. 의지가지 할 데 없는 노인들과 지체장애자들이지만 나그네를 환대하는 맑고 환한 눈빛에서는 몸의 불구가 느껴지지 않았습니다.

나지막하게 지어진 돌집 지붕에는 손수 담근 된장을 익히는 수십 개의 항아리들이 쏟아져 내리는 빗물을 받으며 번들거렸습니다. 집 앞의 넓은 텃밭에는 온갖 야채를 기르는 비닐하우스가 서 있고, 텃밭 가장자리에는 꽃사슴을 기르는 우리와 양봉 통들이 가지런히 놓여 있었지요.

거무스름하게 그을은 얼굴에 허름한 개량한복 차림의 목사님은 천상 농부의 모습 그대로였습니다. 우리 일행은 목사님의 안내로 비 내리는 텃밭을 잠깐 둘러보고 곧 식당으로 갔습니다. 마침 점심시간이 다 되었기 때문이지요. 식당 입구의 벽에는 붓글씨로 씌어진 '간편한 삶'이라는 편액이 걸려 있었습니다.

식당 안으로 들어가니, 통나무를 켜서 두꺼운 송판으로 짠 투박한 식탁 위에 푸른 산야채와 된장국과 현미 잡곡밥이 우리를 기다리고 있었습니다. 둥근 접시에 담긴 산야채는 무려 열 가지가 넘었습니다. 뒷산에서 뜯었다는 뽕잎과 방가지풀과 육모초 잎과 짙은 향기가 물씬 풍기는 산더덕 순, 그리고 밭에서 기른 상추와 홍화 잎과 당귀 잎 등으로 볼따구니가 미어지도록 쌈을 싸서 먹으며 모두들 흐뭇한 얼굴이었습니다.

누군가 먹다가 말고 솟구치는 감흥을 참을 수 없는지 이렇게 말을 하더군요.

"공해음식에 쩔어 살다가 이 천연의 먹거리를 보니, 식탐이 일어 큰일이네요."

정말 그랬습니다. 시골교회의 식구들이 차려 놓은 식탁의 그것은 '요리'가 아니었습니다. 미각을 자극하기 위해 온갖 양념으로 버무린 그런 요리와는 거리가 멀었습니다. 산과 들에서 금방 뜯어 온 산야채, 그 깨끗하고 향기로운 먹거리는 우리의 식탐을 자극했습니다. 하지만 나는 싱싱한 산야채로 쌈을 싸 먹으면서 솟구치는 식탐을 자제했지요.

소박한 밥상, 하늘과 땅과 사람의 수고가 어우러져 공들여 빚어진 밥상 앞에서는, 왠지 그래야 할 것만 같았습니다. 밥을 다 먹고 났는데도 입 안에 그윽한 산야채의 향이 고여 있었습니다. 빈 그릇을 부엌으로 가져가는데, 부엌 입구 벽에 '밥'에 관한 글귀가 적힌 족자가 눈길을 끌었습니다.

    이 밥이 우리에게 먹혀 생명을 살리듯
    우리도 세상의 밥이 되어 세상을 살리게 하소서.
    한 방울의 물에도 천지의 조화가 스며 있고
    한 톨의 곡식에도 만인의 땀이 담겨 있으니,
    감사한 맘으로 먹게 하시고
    가난한 이웃을 기억하여 식탐 말게 하소서.
    천천히 꼭꼭 씹어서 공손히 삼키겠나이다.

이 글귀에는 밥을 '하늘'로 여기는 마음이 고스란히 담겨 있습니다. 그렇습니다. 왜 밥이 하늘이 아니겠습니까. 사람이 죽으면 곡기를 끊었다고 하지 않던가요.
  하지만 오늘날 우리가 이렇듯 밥을 공경하는 마음이 있던가요. 공경이란 문자 그대로 웃어른이나 하늘을 모시는 극진한 마음입니다. 과연 우리가 밥을 제대로 모셔왔던가요. 밥을 제대로 모시면 그것이 곧 예배이며, 밥을 제대로 모시면 그것이 곧 하늘을 섬기는 일이 아니던가요.
  오늘날 우리가 밥을 제대로 모시지 못하는 것은, 먹거리가 너무 흔해 빠지기 때문인지도 모릅니다. 전국 방방곡곡을 돌아다녀 봐도 풍광 좋은 데는 보이는 게 '가든'이요, 새 도시가 형성되면 먼저 생기는 게 숱한 먹거리집들이지요.

어쩌다 한정식 집 같은 데를 가면, 수십 가지의 반찬이 나옵니다. 부귀영화를 누린 인물로 우리는 솔로몬 왕을 꼽지만, 만일 솔로몬 왕이 우리 곁에 살아와서 왕도 아닌 평민들이 산더미 같은 진미를 즐기는 것을 보면 기절초풍을 할 노릇이지요. '못 먹고 죽은 귀신'이란 말이 있지만, 너무 가난해 못 먹어 죽은 귀신의 후손들이라 그런 걸까요.

경제가 어렵다고 아우성치고, 임금을 더 올려달라고 소동을 치지만, 먹다가 내버린 음식이 한 해에 몇 천 억이 되는 나라가 바로 이 나라입니다. 혹자는 '음식문화'가 발달했다고 들먹일지 모르지만, 우리에겐 풍성한 먹거리는 있으나 '음식문화'는 없습니다. 음식문화 운운하려면 삶의 철학이 깃들여 있어야 하지 않겠습니까.

걸신乞神 들린 것처럼 산더미처럼 쌓아 놓고 폭식을 즐기다 버리는 우리의 먹거리 풍습 속에는 '삶의 철학'은커녕 '삶의 낭비'만 있을 뿐이지요.

낭비하는 삶이란, 생명을 생명으로 대접하지 않는 삶입니다. 우리의 밥상에 올려진 밥과 반찬들 역시 얼마 전까지만 해도 살아 있던 생명들이 아닙니까. 우리를 위해 밥상에 올려진 푸성귀 한 잎이라도 먹다가 버리는 것은 생명의 존엄을 상실한 행위입니다.

쌀 한 톨, 상추 한 잎도 우주생명의 일부지요. 너무 흔하다고 그것들을 함부로 대하는 것은 삶의 낭비요, 우주생명의 손실입니다.

인간이 자신의 권리를 내세우지만, 우주 안의 다른 생물들도 자신들의 권리가 있습니다. 일컬어 '물권物權'이 있다는 말입니다. 땅별의 종의 일부인 인간이 '인권'을 주장하면서 '물권'을 도외시하는 것은 스스로 공평함을 잃은 처사입니다.

우리가 진정 깨어 있다면, 쌀 한 톨, 상추 한 잎이 '물권'을 돌려달라고, 왜 우리를 낭비하느냐고 울부짖는 말없는 외침도 들을 수 있어야 합니다.

옛 수도자들은 우리가 일생 동안 먹을 음식의 양이 정해져 있다고 합니다. 먹거리가 눈앞에 잔뜩 쌓여 있다고 많이 먹으면 먹을수록 그만큼 수명이 단축된다는 것이지요. 수도자들은 물론 수명의 단축만을 염려하고 장수를 탐해서 그런 말을 하는 것은 아닐 겁니다.

신을 모시는 거룩한 성소聖所로서의 몸의 유한성을 인식하자는 것이고, 더 나아가 선물로 주어진 먹거리에 대한 고마움을 지니고 음식을 대하자는 것이지요. 현대인의 대부분의 질병은 먹지 못해서 생기는 것이기보다는 너무 먹어서 생기는 것입니다. 우리의 입으로 들어가는 음식은 인공적인 것이지만, 그 인공적인 것을 받아들여 바깥으로 배설하기까지의 과정은 자연입니다. 즉 '입에서 항문까지의 과정은 자연'이라는 말입니다(김용옥).

이 자연의 과정을 망각하고 탐식貪食하는 것은 하느님이 주신 자연한 몸의 유한성을 거스르는 일이 아닐 수 없습니다. 우리가 몸의 유한성을 거스르면 몸도 영혼도 병들고 맙니다.

평상시보다 우리가 음식을 조금만 더 먹어도 게으름은 우리를 침상으로 데려가지 않던가요. 인도의 한 경전은, 지나친 탐식은 우리를 '암흑(타마스)'으로 이끌어 간다고 합니다. 영적인 암흑으로 말입니다.

과식한 뒤에 흐리마리한 정신으로 무슨 경전이 읽힐 리 없고, 미식美食을 찾아 헤매는 이가 어찌 좁디좁은 '영혼의 오솔길'을 비틀거리지 않고 똑바로 걸어갈 수 있겠습니까. 또한 미각과 촉각의 향락문화에 혼을 빼앗기고 사는 이가 어찌 굶주림으로 고통 받는 이들의 신음을 들을 수 있겠습니까.

달콤함만을 탐하며 사는 자는 고통스럽게 죽습니다. 제 육신만 섬기는 자는 영혼을 먹이지 않습니다. 우리의 입과 혀의 횡포를 통제하지 못하고서는 영성의 문은 열리지 않습니다. 루미라는 시인의 말처럼, 우리가 물질계物質界에 더 많이 깨어 있을수록 영계靈界에 더 많이 잠들어 있는 법입니다.


밥을 달게 먹고 우리가 바깥으로 나오자, 거세게 내리던 빗방울은 좀 가늘어져 있었습니다. 우리는 목사님의 안내를 받아 집으로 들어오는 입구에 세워진 원두막으로 갔습니다.

보통 시골에서 참외나 수박을 키우며 그걸 지키기 위해 세워진 원두막과 같은 모양이었지만, 그 용도가 쉼터라는 점이 다른 것 같았습니다. 원두막 위로 신발을 벗고 올라가 앉으니 짚으로 이어진 지붕에 머리가 닿을락말락했습니다. 아래를 내려다보니, 시골교회 장애우 식구들이 손수 정성스레 가꾸는 온갖 푸성귀들이 한눈에 다 보였습니다. 비료도 뿌리지 않고 농약도 치지 않고 짓는 농사가 얼마나 고달프고 힘들겠습니까.
 오늘 우리가 먹은 밥과 푸성귀들이 몸이 성치 않은 장애우들의 피땀으로 이루어진 것들이란 생각이 들면서 문득 눈시울이 시큰해졌습니다. 밥 한 그릇의 소중함을 뼈저리게 새김질하며 우리는 원두막을 내려섰습니다.

# 아름다운 인연

얼마 전 치악산으로 등산을 다녀왔습니다.

오월 하순이었는데, 산을 오르는 길은 온통 꽃향기로 진동을 했습니다. 향기가 얼마나 짙은지 꽃나무만이 아니라 바위나 개울 물, 하늘에 흐르는 구름에서도 향기가 풍기는 듯싶었습니다.

향기에 취해 오르다 보니, 다리 아픈 줄도 모르고 어느 새 영원사란 절 입구까지 당도했지요. 땀도 식히고 물도 얻어먹을 겸 사원 안으로 들어갔습니다.

가파른 비탈에 자리 잡은 사원은 작고 아담했습니다. 푸른 머위 잎이 뜰을 뒤덮은 대웅전 앞에는 마침 넓은 평상이 하나 놓여 있었습니다. 나는 아내와 함께 가까운 샘에서 물을 받아다가 마시며 평상에 앉아 잠시 쉬었습니다.

평상 옆에는 돌절구가 땅에 묻혀 있었는데, 돌절구 속에는 물이 담겨 있었고, 벌레들도 꼬물거리고 있었습니다. 그런데 꼬물거리는 벌레들 가운데 사슴벌레 한 마리가 뭔가에 걸려 허우적거리고 있지 않았겠습니까. 아내 역시 사슴벌레를 발견하고 말했습니다.
"여보, 사슴벌레가 뭔가에 걸려 나오지를 못하고 있는 것 같은데요?"
자세히 들여다보니, 동그랗게 말린 도롱뇽 알 껍질에 사슴벌레의 다리가 걸려 있었습니다. 아마도 사슴벌레가 물이라도 먹으러 들어갔다가 끈적거리는 도롱뇽 알 껍질에 걸린 듯했습니다.
"그렇군. 도롱뇽 알 껍질에 다리가 걸린 것 같은데!"
평소에 벌레라면 징그럽다며 저만치 달아나곤 하던 아내였지요. 하지만 오늘은 달랐습니다. 아내는 안쓰러운 표정으로 도롱뇽 알 껍질에 붙은 사슴벌레를 떼어 바깥으로 내놓으며 중얼댔습니다.
"얘들아, 나중에 혹여 내 자식들이 길을 잃고 방황할 때 네가 좀 도와다오!"
이렇게 말하고는 돌절구 속의 도롱뇽 알이 비가 안 오면 말라죽을 거라며 물을 두어 바가지 떠다가 부어 주었습니다. 그리고는 또 같은 말을 되풀이했습니다.
"얘들아, 나중에 혹여 내 자식들이 길을 잃고 방황할 때 네가 좀 도와다오!"
나는 아내의 말을 듣고 갑자기 가슴이 저려오고 눈물이 찔끔 나왔습니다. 그리고 이 여자가 이제는 단순한 여자가 아니라 진짜 만물의 어미가 되어 가는구나, 하는 생각이 들었습니다.
하지만 나는 아내에게 이렇게 빈정거렸습니다.

"좋은 일 했으면 그것으로 그만이지 꼭 그렇게 토를 달아야 되나?"
"아직 사람이 덜 여물어 그런 걸 어떡해요. 허나 이게 모든 어미들 마음일걸요."
한 풀 꺾고 나오는 아내의 말에 나는 더 이상 할 말이 없어 입을 다물었습니다.
사슴벌레는 도롱뇽 알 껍질에 붙어 있는 동안 몹시 지친 듯 땅 위에 가만히 웅크리고 있더니, 잠시 후 다리를 꼼지락거리며 푸른 머위 덩굴 속으로 사라졌습니다.
우리도 푸른 머위 덩굴 옆의 돌계단을 밟고 대웅전으로 올라갔습니다. 격자무늬 문을 열고 안으로 들어가니, 금빛 찬란한 부처님이 환한 미소로 우리를 맞아 주었습니다.
두 손을 모아 예를 갖춘 후 나는 아내에게 말했습니다.
"부처님이 평소보다 더 반갑게 맞아 주시는 것 같군!"
아내는 아무 대꾸도 않고 그냥 환하게 웃기만 했습니다.

# 모자람도 남음도 없는 인생

지독한 봄 가뭄이 계속되고 있습니다. 짧은 봄을 훌쩍 건너뛰어 가뭄은 여름으로 이어지고 있습니다.

가뭄 속에서도 어른 뼘만큼 자란 논배미의 모들은 벌써 초록 기쁨입니다. 내가 사는 곳에서 멀지 않은 대안리는, 다행히 물을 가둬 두는 큰 저수지가 있어 모를 심고 농작물의 씨를 뿌리는 데는 별 지장이 없는 모양입니다. 저물녘, 삽을 둘러메고 마른 논두렁을 오가는 허리 굽은 농부들이 자주 하늘을 올려다보는 걸로 보아 하늘이 하시는 일에 원망을 담은 눈치입니다.

오늘 나는 옻나무가 꽃을 피웠다길래 부러 대안리 골짜기의 옻나무밭을 둘러보러 갔습니다.

웬 옻나무냐 하시는 분이 있을 것 같군요. 오래 사귀는 벗 가운데 칠기공예가가 대안리에 사는데, 오늘 벗의 작업실엘 들렀더니, 옻꽃이 아직 피어 있을 거라고 해서 저수지 옆 산비탈에 있는 옻나무 밭엘 들렀건

거지요. 가만히 생각해 보니, 아직 옻꽃을 제대로 본 적이 없었던 것입니다.

하지만 하얗게 촘촘한 모습으로 핀 옻나무 꽃들은 벌써 지고 있었습니다. 올해는 옻꽃을 제대로 보기 틀린 것이지요. 꽃은 한 해 한 번씩밖에 안 피니까 말입니다.

평소에 나는 나무를 참 좋아합니다. 후배 시인은 나를 보고 과분하게도 '나무의 사제'란 별호까지 붙여 준 적이 있습니다. 하여간 나는 옻나무 밭에서 내려와 저수지 부근의 논둑에 앉아서 겨우 뿌리를 내리기 시작하는 초록빛 어린 모들을 바라보고 있었습니다.

어린 모들은 가뭄에도 아랑곳없이 초록 기쁨을 토해 내고 있었습니다. 그 기쁨을 더하기 위해 콸콸콸콸 논물 들어가는 소리. 넉넉하진 않지만 이 논에서 저 논으로 논물 들어가는 소리가 내 가슴을 설레게 합니다.

농부도 아닌 내가 그런데 하물며 농부들의 가슴은 어떻겠습니까. 저수지에서 좁은 도랑을 타고 내려와 논마다 물이 흘러들어 가는 소리가 여느 때와 달리 참 듣기 좋았습니다. 아마도 농부들은 어린 자식들의 목구멍으로 밥 넘기는 소리만큼이나 대견하겠지요.

나는 잠시 애태우는 가뭄도 잊고 논물 들어가는 소리에 넋을 놓았습니다. 문득 젊은 시인 장석남의 시가 논물 들어가는 소리에 겹쳐졌습니다.

누구나 혼자 있을 때는
돈 걱정 여자 걱정 같은 거나 좀 면하면

못자리에 들어가는 못물 같은 것이나 생각해 보면 좋다.
그 못물이 못자리 한 바퀴 빙 돌아
새로 한 논둑에 생긴 손자국 발자국 앞에 슬몃 머무는 것
생각해 보면 좋다.

그것도 아니면
못자리에 들어가는 그 못물의 소리를
하루 중 가장 고요한 시간 가운데다
앉혀 보는 것은 어떤가.
그 소리로써 잠자리의 곁을 삼아 보는 것은 어떤가.

못자리에 들어가는 못물처럼
하루나 이틀 살아보는 것은 어떤가.
아니, 여러 날씩
살아보는 것은 어떤가.

-〈못자리에 들어가는 못물처럼〉

젊은 시인의 가슴이 어쩌면 이렇듯 담담하고 고요할 수 있을까요. 숱한 생의 희로애락을 다 겪고 난 늙은이의 원숙함이 느껴질 정도입니다. 그 담담함이 스미며 무언가로 들떴던 마음조차 고즈넉해집니다.

산은 사람을 어질게 만들고 물은 사람을 지혜롭게 만든다고 했던가요. 아마도 시인은 물가에서 물의 기운을 받고 자란 이인 듯합니다. 시인의 내력을 살피니 실제로 그렇습니다. 산하山河의 자식이란 옛말이 괜한 말이 아닌 모양입니다.

아무튼 나는 논두렁에 털썩 주저앉아서 오래도록 시인의 시구를 음미했습니다. 못자리에 들어가는 못물처럼…… 못자리에 못물처럼 살아보는 것은 어떤가…… 를 되뇌이며.

물이 사람을 지혜롭게 만든다는 말은 무슨 뜻일까요. 아마도 물의 기운이 베풀어 주는 지혜란, 순리順理를 따르는 삶의 지혜로움을 일컫는 것일 겝니다. 물은 낮은 곳으로만 흐르지요. 낮은 곳으로 흐르는 이 이치를 물은 거스른 적이 없습니다. 고금의 성현들이 물을 예찬하고 물을 스승 삼는 까닭이 바로 여기에 있을 겁니다.

인간만이 이 순리를 거스릅니다. 얼마 전 보도에 보니, 어떤 연예인의 다이어트가 물의를 빚었습니다. 여자들이라면 누구나 예쁜 몸매를 갖고 싶어 안달하지요. 부모에게 받은 몸매조차 인위를 가해 바꾸고자 하는 짓이 다이어트입니다. 절대빈곤 시절엔 거의 생각조차 못했던 풍조지요. 먹고 마시는 것이 위협받지 않는 시절이니, 딱히 다이어트를 탓할 것은 없을 것입니다. 대중 앞에 서야 하는 연예인이니, 다이어트는 더욱 절실했겠지요.

하지만 그 연예인은 인위의 조작을 가해 날씬해진 몸매에 만족하지 않고 큰 금화까지 손에 넣으려고 했던 모양입니다. 인기 연예인인데 먹고 사는 것이 문제는 아니었을 것입니다. 지나친 탐욕에서 비롯된 그 눈속임이 들통이 난 모양입니다. 다행히도 거짓은 더욱 감추기 어려운 시대입니다.

이미 지니고서 이를 채움은 그만 두는 것만 못하고
갈아서 이를 날카롭게 함은 오래도록 보존하기 어렵다.
금과 옥이 집에 가득하면 능히 이를 지키지 못하고
부귀하면서 교만하면 스스로 그 허물을 남긴다.

노자의 말입니다. 다이어트도 역리逆理고, 그것으로 떼돈을 벌려고 꾸민 짓도 역리입니다. 노자의 말은, 역리는 역리이기 때문에 끝내 허물을 남길 수밖에 없다는 것입니다. 땀 흘리지 않고 떼돈을 손에 거머쥐고 싶어한 그 잔꾀는 참된 지혜가 아닙니다. 그 잔꾀는 결국 스스로 자기 생명을 갉아먹는 행위지요.
금화의 전능을 신봉하지 않을 수 없도록 부추기는 자본주의 사회는 또한 무한경쟁을 부추깁니다. 무한경쟁은 자資를 본本으로 삼는 사회의 제1계명입니다. 서로 쫓고 쫓기는 다툼은, 인간을 잔꾀덩어리로 만듭니다.
머리만 자꾸 커지게 하는 잔꾀로 인간은 금화와 편리를 얻게 되었는지는 모르지만, 그로 인해 잃는 것이 더 많지 않을까요.

무한경쟁에 휘둘리며 살아가는 인간에겐 모두가 경쟁자로 보일 것입니다. 앞에도 적, 뒤에도 적, 옆에도 적, 그 옆에도 적, 그러니 어찌 쫓기지 않을 수 있겠습니까. 혹 남보다 경쟁에 앞서 금화를 집 안 그득히 쌓아 놓고 산다고 해도, 그렇게 쫓기며 사는 인생을 보면 가엾다는 생각을 금할 수 없습니다. 자기를 돌아볼 여백을 지니지 못한 이를 보면 그렇다는 말입니다.

자기를 상실한 인생만큼 가련한 인생이 어디 있겠습니까. 어떤 성인의 말처럼 인간이 '신의 보석함'인데, 자기가 보석함인 줄을 모르고 자기 존재의 바깥만 헤매고 다니니 말입니다.

생명의 근본은 물 같은 부드러움입니다. 타인과 다투기에만 혈안이 된 사람은 결코 물 같은 본성을 지닐 수 없습니다. 그러나 경쟁에서 한 발 물러서서 초록 기쁨이 충일한 못자리로 못물 들어가는 소리를 들을 줄 아는 이는, 그 속에 부드러움과 온화함을 지니고 있을 것입니다. 이 부드러움과 온화함은 곧 생명을 싹트게 하는 모태와도 같지요.

인간이 정녕 지녀야 할 재산이 있다면, 물과 같은 부드러움과 온화한 성품을 지니는 일이 아닐까요. 자기를 돌아볼 여유와 이웃과도 오순도순 다정하게 지낼 수 있는 원초적 에너지가 바로 여기서 비롯되기 때문입니다. 헛된 욕망의 노예가 되어 무거움의 인생을 살지 않고, 깃털을 지닌 새처럼 가볍게 생의 여로를 헤쳐나갈 수 있는 힘도 바로 여기서 생겨 나기 때문입니다.

대안리 골짜기 논두렁에 앉아 못물 들어가는 소리를 들으며, 나는 내 안에 들려오는 또 다른 음성을 들었습니다.

어디에도 매이지 마라.
어디에도 머물지 마라.
이제 곧 어둑어둑 어둠이 내릴 터
다담싹 어둠이 그대를 끌어안아도 후회하지 않는 생을 살라.

그대가 바라보는 이 고요도
그대 눈에 든 이 초록 기쁨도
구름처럼 바람처럼 다 흘러갈 터
어떤 흔적에도 집착하지 말고 가볍게 걸어가라.

삶이란
밤의 못물 위에 명멸하는 별빛 같은 것
날이 새면 못물이 간밤의 별빛을 기억하지 않듯이
그렇게 짧은 눈인사를 남기고 사라지는 것.

모자람도 남음도 없는 인생이니
못자리에 들어가는 못물처럼
그렇게, 그렇게……

## 누에처럼 비단실을 토해 내는 인생

어릴 시절, 나는 누에를 쳐 본 경험이 있습니다.

집안 식구들은 농사일 틈틈이 뽕잎을 땄습니다. 어린 나도 식구들과 함께 뽕잎을 땄지요. 후텁지근한 날에는 뽕나무에 매달려 뽕잎을 따는 일이 지겨웠지만, 누에가 섶에 올라가 뽕잎을 먹으면서 내는 소리는 무척 듣기 좋아했습니다. 누에가 크면 뽕잎 먹는 소리가 마치 소나기 내리는 소리처럼 서늘했습니다.

마지막 뽕잎을 먹고 큰 누에들이 나무와 짚으로 얼기설기 짠 섶에 올라 하얀 비단실을 뽑아 내어 고치를 지을 때는, 어린 나이에도 신기해서 그 집 짓는 광경을 오래도록 바라보곤 했습니다.

나중에 농업고등학교 학생이 되어서도 누에를 쳤습니다. 한번은 누에가 집 짓는 것이 신기해서 멍하니 바라보고 있으니까, 양잠養蠶 선생님이 곁에 둘러선 우리에게 말씀하셨습니다.

"그렇게들 신기해? 그럴 것 없어. 너희도 누에처럼 비단실을 토해 내는 인생이 돼야지!"
 그때 그 선생님의 말씀이 오래도록 내 인생살이의 거울이 되었습니다.

 하지만 이제 누에를 치는 일은, 아득한 옛일이 되고 말았습니다. 누에 치는 일을 접고부터 밭가에 기르던 뽕나무도 거의 다 베어지고 말았습니다. 어쩌다 시골에 가면 밭둑이나 산비탈에서 제멋대로 자란 뽕나무를 이따금 볼 수 있을 뿐입니다.
 지난 초여름 어느 날, 나는 선배가 사는 시골 폐교로 놀러 갔다가, 폐교 뒤에 서 있는 뽕나무들을 보았습니다. 폐교의 울타리가 온통 뽕나무 울타리로 되어 있었지요. 무척 반가웠습니다. 마침 오디 철이라 뽕나무마다 검게 익은 오디가 조롱조롱 매달려 있었습니다.
 선배가 말했습니다.
 "저기 뽕나무 중에 한 나무는 산뽕나문데, 산뽕나무의 열매로 술을 담으면 좋으니, 따다가 담지 그래?"
 "그래야겠네요!"
 우리는 곧 폐교 한 구석에 처박혀 있는 비닐을 얻어다 뽕나무 밑에 깔고 나무 밑동을 흔들었습니다. 잘디잔 오디들이 후두두둑 떨어졌습니다. 잠시 후 우리는 쌀바가지 가득 잘 익은 오디를 주워 담을 수 있었습니다. 오디를 담으며 주워 먹은 입들이 모두 검붉었습니다.
 선배는 나와 아내의 얼굴을 쳐다보며 짓궂게 농을 건넸습니다.
 "두 사람 모두 쥐 잡아먹은 괭이 주둥이처럼 시뻘겋구먼, 허허허!"

나는 아내의 시뻘건 입을 바라보며 선배의 농을 받았습니다.
"암괭이 주둥이가 더 뻘겋지 않수?"
"그 주둥이가 그 주둥이이지 뭐!"
선배의 짓궂은 농에 우리는 한참 동안 너털웃음을 터뜨렸습니다.
오디를 딴 뒤 함께 점심을 먹고 나서 우리는 한참 동안 뽕나무와 누에에 얽힌 얘기를 나눴습니다. 특히 누에의 변모變貌에 대해 이야기하다가 나는 고등학교 시절 선생님이 들려주신 말씀을 기억해 냈습니다. 누에처럼 비단실을 토해 내는 인생이 되라고 했던 말씀 말입니다.

옛 사람들은 누에를 '천충天蟲'이라고 불렀답니다. 따라서 천충을 먹이는 뽕잎은 '천약天藥'이며, 뽕나무는 '천목天木'이 되었습니다. 또, 누에를 천잠天蠶이라고 했는데, 그것은 누에가 차가운 외기로부터 몸을 따뜻하게 해 주는 벌레이기 때문입니다. 옛 사람들은 열을 뿜어 내는 원천으로 태양을 생각했습니다. 그래서 누에를 '태양의 사자使者'로 여겼습니다. 그리고 뽕나무를 신성시하는 것은, 옷에 대한 신앙적 감사에서 비롯되었다고 합니다.
낡지 않은 옷도 마구 내다버리는 이 철없는 낭비의 시대에, 옛 사람들의 옷에 대한 이런 태도는 납득되지 않을 게 뻔합니다. 아무리 누에가 귀한 옷감을 가져다준다고 해도, 오늘날 누가 그 벌레를 '태양의 사자'로 여기겠습니까. 옷이 귀해 너덜너덜해질 때까지 꿰매어 입던 세대만이 아마도 누에의 상징적 의미를 되새김질할 것입니다.

누에가 뽑아 낸 실로 짠 옷감을 '본견本絹'이라 하는데, 진짜 비단이란 의미지요. 뒤에 '인조견'이 나왔지만 인조견을 어찌 본견에 비하겠습니까. 오늘날도 본견은 인조견에 비할 수 없을 정도로 비싼 걸로 알고 있습니다.

나는 지나온 내 삶을 반추할 때마다 자주 이 둘에 견주어 보곤 합니다. 누구든지 자기의 삶이 인조견이기보다는 '본견'이기를 바랄 것입니다. 나 역시 마찬가지입니다.

하지만 나는 그것이 한무릎공부로 될 일이 아니라는 것을 잘 압니다. 그것을 나는 누에의 한살이(一生)에서 배웁니다. 비단실을 다 잣고 나서 누에는 죽어 고치가 되고 말지요. 서울 거리에서도 흔하게 볼 수 있는 번데기 말입니다. 에고의 죽음 없이 고등학교 때 선생님이 말씀하신 비단실 같은 인생이 될 수는 없는 것이지요.

그러나 나이가 들면서 느끼는 것이지만, 에고의 죽음이라는 것이, 거듭남이라는 것이 그리 쉬운 일이 아니라는 것입니다. 이삼십 대 때는 나이가 어느 정도 들면 자연스레 욕심이 줄어들게 되리라 생각했습니다. 식욕이든 성욕이든 재물욕이든 명예욕이든 말입니다. 하지만 그 어떤 욕망도 저절로 줄어들지 않는다는 것을 나이가 들수록 더욱 절감합니다.

노욕老欲이란 말도 있지만, 기력이 점차 쇠하는 노인이라고 해서 저절로 욕망이 꼬리를 내리는 것이 아닙니다. 자기의 몸과 마음을 닦는 수행修行 없는 노인은 더욱 생에 대한 집착이 강해지는 것이 아닐까요. 왜냐하면 남은 날이 얼마 되지 않는다는 생의 위기감 때문에 더욱 삶에 집착하기 때문이지요.

그래서 나는 요즘 이런 생각을 합니다. 생의 애착을 끊고 욕심 없이 살아갈 수 있는 것은 '신의 은총'이 아닐까 하고 말입니다. 하지만 내가 말하는 신의 은총이 로또복권에 당첨되는 것과 같은 그런 우연을 말하는 것은 아닙니다. 자칫 그렇게 여긴다면, 신의 은총은 우리의 삶을 나태와 게으름에 떨어지게 하고 말 테니까요. 내가 말하는 신의 은총은 결코 그런 것이 아닙니다. 인도의 위대한 요기Yogi인 스와미 라마가 말한 것처럼, 그것은 '부단한 수행에서 얻어지는 열매'입니다.

이때 신의 은총으로 얻는 열매, 곧 비단으로 변모하는 것은 우주가 기뻐할 '대아大我'가 되는 일이겠지요. '소아'에 집착한 내가 죽고 '대아'가 되는 것은, 종교적 구도의 길을 가는 이들이 모두 갈망하는 것이지만, 그 보이지 않는 목표에 당도하는 이는 무척 드물지요. 그래서 그것을 신의 은총이라고 한 것입니다.

얼마 전 고향엘 다니러 갔는데, 나이가 지긋하신 분들이 모인 자리에서 안 노인 한 분이 '뽕 따러 가세……'란 옛 민요를 부르는 것이었습니다. 까마득히 잊고 있던, 그러나 아련한 추억이 서려 있는 이 민요를 나는 그냥 흘려듣지 못했습니다. 푸른 뽕잎을 먹고 자란 누에들이 섶에 올라 고치를 짓는 모습이 눈앞에 또렷이 떠오르고, 고등학교 때 선생님이 들려주신 말씀이 다시 귓가에 쟁쟁거리며 울렸기 때문입니다.

"너희도 누에처럼 비단실을 토해 내는 인생이 돼야지!"

# 영원의 해돋이 속에서 산다

젊은 시절, 홍천의 한 깊은 골짜기에서 교회를 섬길 때의 일입니다.

그 교회에 부임한 지 얼마 안 되어 교우들 명부를 뒤적여 보았는데, '윤씨'라는 성만 있고 이름은 없는 할머니가 눈에 띄었습니다. 며칠 후 나는 교우들에게 물어 윤씨 할머니 댁을 찾아갔습니다. 할머니는 새 목회자가 왔는데도 얼굴도 내비치지 않고 있었기 때문입니다.

윤씨 할머니 댁은 예배당에서 멀지 않은 곳에 있었습니다. 마침 할머니는 넓은 마당 한 구석에 멍석을 깔아 놓고 맷돌을 돌리며 메밀을 바수고 있었습니다. 가까이 다가가도 맷돌을 돌리는 일에 몰두한 탓으로 할머니는 내가 곁에 온 줄도 몰랐습니다.

"할머니, 안녕하세요?"

초면인 나는 할머니에게 공손히 인사를 올렸습니다. 하지만 할머니는 쳐다보지도 않았습니다. 나중에 안 사실이지만 연세가 구십에 가까운 할머니는 가는귀가 심하게 먹은 분이었습니다.

다시 한 번 소리를 질렀습니다. 할머니는 그때서야 인기척을 들은 듯 나를 힐끔 쳐다보았습니다. 할머니의 얼굴엔 세월의 왕거미가 쳐 놓은 굵은 거미줄이 잔뜩 덮여 있었습니다.

"누구신가?"

"새로 온 목삽니다."

말싸움을 하는 사람처럼 나는 큰 소리를 질러댔습니다.

"어서 와요."

할머니가 맷돌 돌리던 손을 멈추고 인사를 받으시기에 나는 용기를 내어 말했습니다.

"할머니, 다음 주일에 예배 드리러 오세요."

할머니는 내 얘기를 듣고 나더니, 히죽히죽 웃었습니다.

"예배당? 난 이제 안 가!"

"왜요?"

"거기 가믄 영생한다며?"

"그러믄요."

"난 영생은 싫여! 이제 그만 갈기여!"

"영생이 싫다니요?"

"너무 오래 살았어!"

"네……?"

나는 할 말을 잃어버리고 말았습니다.

'영생이 싫다니?'

할머니는 영생을 지상에서 죽지 않고 사는 것이라고 오해하고 계신다는 생각이 들었습니다. 하지만 나는 할머니의 말을 듣는 순간, 가슴이 뭉클해지며 야릇한 감동에 젖어 들었습니다.

그 뒤로 나는 몇 년 동안 윤씨 할머니가 살아가는 모습을 가까이에서 지켜볼 수 있었습니다. 그 많은 연세에도 불구하고 할머니는 기력이 좋아 농사 짓는 자식들을 도우며 거칠고 힘든 바깥일까지 하셨습니다. 봄여름이면 뙤약볕에 쪼그리고 앉아 비지땀을 쏟으며 밭도 매고, 가을이면 추수도 하고, 겨울이면 소죽을 끓일 마른 솔잎도 산에 올라가 긁어 왔습니다.

누가 시켜서 하는 일이 아니었습니다. 소처럼 근면하고, 누구에게도 불평불만 한 자락 없이 늘 자족하시는 모습, 게다가 길에서 어쩌다 마주치면 툭 한 마디씩 던지시는데, '젊은 사람들에게 걱정 끼치지 말고 어서 죽어야지' 하는 말씀뿐이었습니다. 돌아가야 할 때를 알아 어서 돌아가겠다고 하시는 할머니의 영혼의 총기聰氣는 나에게 깊은 감화를 주었습니다. 당시에 쓴 오래된 일기를 뒤적여 보니, 일기 끝에 이렇게 적혀 있었습니다.

나무나 바위처럼 자족自足에 처해 살며,
그 무엇에 대한 바람도 없는 저 삶의 모습이
영생을 맛보며 사는 자의 그것이 아니고 무엇이랴!

아무런 바람도 없이 산다는 게 얼마나 어려운 일입니까. 나는 그때 윤씨 할머니를 통해 진정한 존재의 성숙은 저렇게 바람 없는 자리에 이르는 것이라는 생각을 처음으로 하게 되었습니다.

얼마 전에 어떤 책을 읽다가 보니, 인도의 민담에서 인용된 얘기 한 자락이 실려 있었습니다. 인간이 성숙하게 여물어 간다는 것이 무엇인가를 여실하게 보여 주는 얘기였습니다.

옛날에 어떤 사람이 시바 신을 예배했습니다. 그는 몇 년 동안 예배를 하고 기도를 올렸습니다. 그러자 어느 날 시바 신이 나타나서 말했습니다.

"너의 소원을 들어 주겠다. 소원 세 가지를 말해 보아라."

그는 예배를 한 지 너무 오래 되어서 왜 예배를 시작했는지조차 잊어버리고 있었습니다. 그의 마음은 끊임없이 변하고 있었습니다. 예배조차 하나의 강박관념이 되어 있었던 것이지요. 그는 예배의 이유를 잃어버렸습니다. 그래서 그는 "생각해 보겠습니다"라고 대답했습니다.

얼마 뒤 그는 시바 신에게 한 가지 선물을 요구했습니다. 그 무렵 그는 아내에게 무척 화가 나 있던 참이었지요.

"제 아내를 죽여 주십시오!"

그렇게 소원을 아뢰자마자, 그의 아내는 죽었습니다. 사실 이런 일은 어떤 부부에게도 일어날 수 있습니다. 부부는 미움으로 가득 차서 싸웁니다. 그러나 미움이 전부는 아니지요. 사랑도 있습니다. 마음은 언제나

반반입니다. 하여튼 그는 아내를 죽여 달라고 요구했습니다. 시바 신의 응답으로 아내가 죽는 순간, 그는 자신이 아내를 지극히 사랑했었다는 것을 알게 되었습니다. 그래서 그가 다시 말했습니다.

"제발 제 아내를 다시 살려 주세요."

그것으로 두 번째 소원도 쓰여졌습니다. 두 가지 소원이 쓰인 것이죠. 하나는 아내를 죽이는데, 또 하나는 아내를 되살리는 데 쓰였습니다. 이제 소원은 하나만 남았습니다. 그래서 그가 말했습니다.

"이제는 생각을 좀 해 봐야 하겠습니다."

시바는 기다리고 또 기다렸습니다. 몇 년이 흐르는 동안 시바는 몇 번이고 찾아와서 "자, 이제 세 번째 소원을 말해 보아라" 하고 말했습니다.

그 사람은 어떤 소원을 말해야 할지 몰라 잠을 잘 수가 없었습니다. 남아 있는 한 가지 소원에 대해서만 생각하느라 거의 미칠 지경이었습니다. 그는 자기가 알고 있는 모든 현인들을 만나 보았습니다. 그들은 많은 것들을 제안했지만, 어떤 것도 가치 있는 것 같지 않았습니다.

그는 시바에게 직접 물어 보았습니다.

"당신이 직접 말씀해 주십시오. 저는 미칠 지경입니다."

드디어 시바가 이렇게 말했습니다.

"가치 있는 소원은 오직 한 가지밖에 없다. 욕망 없음desirelessness을 요구하라. 그것 외에는 가치 있는 것은 아무 것도 없다. 무엇을 요구하든 다음 순간이 되면 그대는 다른 것을 요구하게 될 것이고, 심지어는 그 반대되는 것을 요구할 수도 있다."

이 우화가 말하고자 하는 '욕망 없음을 요구하라'는 것은 무슨 뜻일까요. 어떻게 인간이 욕망 없이 살 수 있을까요.

우리가 바라는 모든 것이 '덧없다'는 것을 깨달으면, 그런 욕망에서 벗어날 수 있습니다. 여기서 모든 것이 덧없다는 말은, 모든 것이 영속적이지 않다는 것입니다. 독재자들이 철옹성 같은 궁전을 지어 부귀영화를 누리려 해도, 그것 역시 백 년을 가지 못합니다. 모든 것은 변화합니다. 변하지 않은 것은 아무 것도 없습니다. 변치 않는 진리가 있다면, 모든 것이 변한다는 것입니다.

우리가 자신의 행복을 보증해 주는 무엇을 소유하기 위해 집착하지만, 사실상 지상에는 우리의 행복을 보증해 줄 그 무엇도 없습니다. 어떤 이들은 '만일 우리가 소유할 수 없다면, 어떻게 그것을 즐길 수 있겠는가'라고 물을 수 있습니다. 그러나 이것은 그 무엇에 대한 집착을 행복으로 착각하는 것입니다.

연인들의 사랑에도 이런 경우가 많습니다. 상대를 소유하는 것을 사랑으로 착각합니다. 그러나 어떤 연인도 내 소유가 될 수는 없습니다. 그리고 그것은 진정한 사랑도 아닙니다.

그러면 우리가 어떻게 집착에서 벗어날 수 있을까요. 오로지 그것이 덧없다는 것을 알아차릴 때입니다. 그것을 알아차림으로써 소유욕의 덫에서 풀려날 수 있습니다. 이처럼 우리가 소유욕의 덫에서 풀려 나면 자유로워지게 되고, 다른 사람도 얽어매지 않을 수 있습니다. 우리가 관계 속에 살면서 서로가 서로를 얽어매지 않고 자유를 누린다면, 그것을 일러 '사랑'이라 할 수 있을 것입니다.

영국의 시인 윌리엄 블레이크는 집착 없는 삶에 대해 이렇게 노래했습니다.

자신을 기쁨에 묶어 둔 그는
숭고한 삶을 망친다.
기쁨이 날아다닐 때 그것에 입 맞추는 그는
영원의 해돋이 속에서 산다.

우리가 참된 기쁨을 누리려면 어떤 '기쁨'에도 우리 자신을 묶어 두지 말아야 합니다. 그 기쁨을 가져오는 것이 금화든 명예든 연인이든, 그 어떤 것에도 집착하지 말아야 합니다. 그런 것들이 우리에게 잠시 기쁨을 가져다 줄 수 있겠지만, 그것들은 영속적인 것이 아니기 때문입니다. 구름이 쉼 없이 흘러가듯이 그런 기쁨은 덧없이 흘러가 버리고 말기 때문입니다.

블레이크는 '기쁨이 날아다닐 때 그것에 입맞추'라고 말합니다. 기쁨이 날아다닐 때 입 맞추라니요? 이 표현은 우리를 기쁘게 하는 것, 행복하게 하는 것이 고정되어 있다고 여기는 사람을 당황하게 할 것입니다. 그러나 삶의 덧없음을 알아차리고 생의 집착에서 깬 이, 윤씨 할머니처럼 돌아가야 할 때를 아는 이는 '기쁨이 날아다닐 때 입 맞추라'는 시인의 말을 금방 이해할 것입니다.

그는 온갖 관계의 사슬에 자신을 묶어 두지 않고 '지금, 이 순간'에 충실하며 그것을 즐기는 사람입니다. 그런 사람은 살아가는 순간마다 '영원의 해돋이'를 경험할 수 있을 것입니다.

## 휘파람을 불며

며칠 전 고향 부근의 무릉이란 곳을 다녀왔습니다.

흔히 지상낙원을 가리켜 무릉도원武陵桃源이라고 할 때의 그 무릉에는 못 미칠지는 몰라도, 천혜의 자연이 그대로 살아 있는 곳이지요. 생명의 젖줄인 강이 마을을 둥글게 휘감아 돌며 생기를 북돋우고 있어 아름다운 정취를 더하는 곳입니다. 무릉 강은 강물이 그렇게 많이 흐르지는 않지만 영월 서강의 어미에 해당하는 강입니다.

강가에는 내 어릴 적 그대로 돌로 쌓은 방죽이 강의 흐름을 따라 버티고 있었습니다. 검푸른 빛의 마른 이끼가 붙어 있는 방죽의 돌들은 오랜 세월의 연륜을 가늠하기에 충분했지요.

나는 아내와 함께 완만하게 휘어진 방죽 위를 천천히 걸었습니다. 한해살이풀의 마른 대궁들이 꼿꼿이 서서 종아리를 찌르기도 했지요. 마른풀 대궁들 사이에는 연둣빛 새싹들이 뾰족뾰족 고개를 내밀고 있었습니다.

강물 위로 내리는 황홀한 저녁놀을 받으며 우리는 방죽 끝까지 천천히 걸었습니다. 방죽 끝에 서서 아래를 내려다보니, 새하얀 모래톱이 또 우리를 유혹했습니다. 모래톱은 더럽혀지지 않은 숫처녀와도 같았습니다. 모래톱에는 물새들의 고운 발자국만 희미하게 찍혀 있었죠. 나는 모래톱으로 내려서며 거추장스런 신발과 양말을 벗어 던졌습니다.
"아니, 왜 신발을 벗고 그래요?"
"성경 말씀에 있잖아? 이 땅은 거룩하니 네 발에서 신을 벗으라고!"
"헛참! 누가 목사 아니랄까 봐!"
아내가 빈정거리건 말건 나는 맨발로 새하얀 모래톱 위를 걸었습니다. 맨발에는 금세 모래알이 엉켜 붙었습니다. 모래 샌들을 신은 셈이었죠. 모래 위를 맨발로 걸으니 따끔거리는 모래의 자극이 온몸을 시원하게 했습니다.
그렇게 얼마쯤 걷던 나는, 모래 위에 벌렁 드러누웠지요. 문득 파랗게 쏟아지는 하늘이 지친至親처럼 다정하게 느껴지고, 강 건너편 버드나무 군락에서 날아오르는 물새 떼들의 자유로운 날갯짓이 내 혼을 하늘 높이 이끌어 주는 듯했습니다. 나는 물위를 날아다니는 물새들의 비상에 화답하듯 휘파람을 불었습니다.
"당신 휘파람소릴 듣는 것도 오랜만이네요."
"그렇지, 응?"
맨발로 모래톱을 걸은 것도 오랜만이고, 휘파람을 불며 물새들과 노니는 것도 오랜만이었습니다.

무엇이 그리 분주했던가. 도대체 뭘 하느라고 내 몸을 그렇게 분주함으로 허둥거리게 했던가.
"여보, 시 하나 읊어 볼까?"
"그러시구려!"
"다 외우진 못하는데, 지금 내 심정을 대변하는 시가 있어."
김기택이라는 시인의 작품인데, 시의 전문을 인용하면 이렇습니다.

날개 없이도 그는 항상 하늘에 떠 있고
새보다도 적게 땅을 밟는다.
엘리베이터에서 내려 아파트를 나설 때
잠시 땅을 밟을 기회가 있었으나
서너 걸음 밟기도 전에 자가용 문이 열리자
그는 고층에서 떨어진 공처럼 튀어 들어간다.
휠체어를 탄 사람처럼 그는 다리 대신 엉덩이로 다닌다.
발 대신 바퀴가 땅을 밟는다.
그의 몸무게는 고무타이어를 통해 땅으로 전달된다.
몸무게는 빠르게 구르다 먼지처럼 흩어진다.
차에서 내려 사무실로 가기 전에
잠시 땅을 밟을 시간이 있었으나
서너 걸음 떼기도 전에 엘리베이터 문이 열리고
그는 새처럼 날아들어 공중으로 솟구친다.

그는 온종일 현기증도 없이 20층의 하늘에 떠 있다.
전화와 이메일로 쉴새없이 지저귀느라
한순간도 땅에 내려앉을 틈이 없다.

-〈그는 새보다도 적게 땅을 밟는다〉

"여유 없이 살아가는 우리네 삶을, 마치 족집게처럼 잘 집어 내 표현한 시군요."
　아내의 지적처럼 시인은 현대인의 '틈' 없이 분주한 삶을 '새'와 대비하여 잘 형상화하고 있습니다.
　새는 하늘을 땅처럼 누비며 사는 존재입니다. 새의 발은 날개지요. 새는 날개가 튼튼하게 발달되어 있는 대신 발은 작고 가늘어 보잘것없습니다. 그렇지만 새도 발이 있어 땅을 밟지요. 땅 위에 내려앉아 쉬며, 땅에서 먹이를 구하며, 땅에 둥지를 틀며, 결국 땅으로 돌아갑니다.
　인간은 새가 아닙니다. 인간은 날개가 없습니다. 인간은 그러나 '새보다도 적게 땅을 밟'습니다. 물론 문명의 이기利器가 인간에게 날개를 달아 준 것은 사실입니다. 엘리베이터, 고무바퀴, 전화와 이메일이 곧 인간이 발명한 날개지요. 편리와 신속, 효율을 가져다 준 날개입니다.
　하지만 이 편리와 신속, 효율의 극대화로서의 날개가 인간에게 무엇을 안겨 주었던가요. 그 날개가 인간에게 한가로움과 여유, 안락함과 자유로움을 선물로 주었던가요.
　그 날개는 오히려 인간을 '휠체어를 탄 사람처럼' 불구不具로 만들어

가고 있습니다.

발 대신 고무바퀴가 땅을 밟으니, 발은 점차 퇴화되어 갈 뿐입니다. 전화와 이메일로 쉴새없이 지저귀지만, 사람과 사람, 사람과 자연 사이에는 불화와 불신만 증폭될 뿐입니다. '소통疏通'을 위해 고안된 날개가 '불통不通'만 가중시킬 뿐입니다.

'한순간도 땅에 내려앉을 틈이 없'는 삶 속에서 인간의 몸과 영혼은 탈진되어 갈 뿐입니다.

나는 현대인의 '틈 없는' 삶을 이처럼 신랄하게 풍자한 시를 본 적이 없습니다. 지금의 내 삶 역시 이 시가 드러내 주는 풍자의 자장에서 자유롭지 못합니다. 맨발로 무릉 강변을 걸으며 더욱 그것을 절감했습니다.

나는 맨발에 묻은 모래를 털고 벗어 놓았던 신발을 발에 꿰었습니다. 신발이 훨씬 더 무겁게 느껴졌습니다. 하지만 내 입에서는 여전히 휘파람이 새어나왔습니다. 휘파람을 불며 방죽 위로 올라섰습니다. 강물을 황홀한 빛깔로 물들이던 붉은 놀은 사라지고, 어느덧 무릉 땅엔 보랏빛 어스름이 스멀스멀 깔리고 있었습니다. 그 어스름이 내 명함처럼 낯설지 않았습니다.

## 화투는 패를 뗄 때마다 항상 새롭다

"왜 사람들이 고스톱에 그렇게 빠져 드는지 아시나?"

어느 날 사진작가 친구가 뚱딴지 같은 질문을 던졌습니다. 무슨 얘기 끝에 던진 친구의 질문에 함께 모인 우리는 어리둥절한 표정으로 서로를 쳐다볼 뿐이었습니다. 나는 아예 고스톱에는 문외한이라 친구의 얼굴만 보고 있었지요.

아무도 대꾸를 못하자, 친구가 빙그레 웃으며 스스로 대답했습니다.

"첫째로, 화투는 뗄 때마다 항상 패가 새롭기 때문이지. 똑같은 패가 떼어지는 일은 결코 없거든. 둘째로, 그렇게 떼어진 패는 항상 자기의 이익과 관계가 되기 때문에 노름꾼들이 빠져들 수밖에 없는 거지."

논리 정연한 친구의 얘기에 좌중은 모두 박장대소를 했습니다.

나는 고스톱을 칠 줄 모르지만, 친구가 들려준 오랜 연륜에서 나왔을 '고스톱 철학'이 무척 흥미로웠습니다. 특히, '화투는 패를 뗄 때마다 항상 새롭다'는 대목이 문득 가슴을 적셨지요.

어디 화투패를 뗄 때만 패가 새롭겠습니까. 화투에 비긴다면 우리 삶의 패가 그렇지 않습니까. 오늘 흐르는 강물은 어제의 강물이 아니며, 올봄에 피어 날 새싹은 지난해 새싹이 아닙니다. 눈송이 하나하나마다 다른 결정체를 갖는다고 하는데, 그렇다면 우리 삶의 순간들은 언제나 새로운 빛깔로 반짝이는 법이지요. 노름꾼이 자기 앞에 놓이는 새 패를 읽듯이, 우리 앞에 주어지는 삶의 순간들을 항상 새로운 패로 읽을 수 있어야 하지 않겠습니까.

하지만 우리는 대체로 그렇게 살지 못합니다. 그 이유는 무엇일까요. 새 패로 다가오는 순간들을 새 패로 읽을 '눈'이 없기 때문입니다. 눈은 있으되 그 눈이 '과거'에 묶여 있기 때문입니다. 고스톱을 즐기는 이들의 눈은 이미 지나가 버린 과거의 패에는 더 이상 집착하지 않고 새 패에 몰입합니다. 하지만 우리의 눈은 이미 흘러가 버린 '과거'에서 시선을 떼지 못하기 때문에 새롭게 동터 오는 새 날을 새 날로 맞이하지 못하는 것이지요.

그날 나는 친구에게 화답하듯 최근에 다시 읽은, 소설가 니코스 카잔차키스의 작품 속에 나오는 '조르바' 얘기를 들려주었습니다. 작가가 말년에 쓴 〈영혼의 자서전〉에 보면, 조르바는 실제 인물이었다고 하는데, 조르바야말로 지나가 버린 패에 집착하지 않고 언제나 새 패에 몰입하는 인물이었기 때문입니다.

"나는 어제 일은 어제로 끝냅니다. 내일 일어날 일을 미리 생각하지 않아요. 내게 중요한 것은 오늘, 지금 이 순간에 일어나는 일뿐입니다. 나는 매순간 자문합니다. '조르바, 지금 너는 뭘 하고 있나?' '자고 있네.' '그럼 잘 자게.' '조르바, 자넨 지금 뭘 하고 있나?' '여자에게 키스하고 있네.' '조르바, 잘해 보게. 키스할 동안 다른 것들은 모두 잊어버리게. 이 세상에는 자네와 그 여자밖에 아무도 없네. 실컷 키스하게.'"

자유혼 조르바의 솔직한 인생 고백입니다. 지금 이 순간을 사는 성실성을 아주 적나라하게 드러낸 대목입니다. 지금 이 순간에만 몰입하며 살 수 있었기에 조르바는 자기 앞의 사물들을 늘 새롭게 볼 수 있었지요. 과거에 집착하지 않는 조르바의 눈, 그 시선에는 모든 것이 기적이며, 삶은 신비 그 자체였습니다.

어느 날 조르바는 자기 앞에 펼쳐진 바다와 푸른 대지를 바라보며 탄성을 지릅니다.

"보스, 저기 저 건너에 파란 색깔, 가슴이 뭉클거리는 저 기적이 뭔가요? 당신은 저 기적을 뭐라고 부릅니까? 바다라고 하나요? 초록빛 꽃으로 된 앞치마를 입고 있는 저건요? 대지라고 부릅니까? 이걸 만든 예술가는 누구지요? 보스, 맹세코 나는 이런 아름다운 광경을 한 번도 본 적이 없어요."

과거로부터 자유로운 조르바에게는 '고정관념'이 없습니다. 고정관념에 사로잡힌 눈으로는 바다를 '가슴이 뭉클거리는 기적'으로 볼 수는 없지요. 그리고 날마다 우리가 밟는 대지가 '초록빛 꽃잎으로 된 앞치마를 입고 있는' 것으로 보일 리도 없고요.

언젠가 나는 동양의 한 철인이 붓다의 이름 앞에 조르바를 붙여 '조르바-붓다'란 새 이름을 만들어 쓰는 것을 읽은 적이 있습니다. '붓다'라고만 하면 제도종교의 틀에 갇혀 있다는 느낌 때문인지 왠지 엄숙해지는데, '조르바-붓다'란 표현에서는 해방감이 느껴졌습니다.

그래서 나도 가끔씩 '조르바-예수'란 표현을 사용하곤 합니다. 특히 항상 심각하고 엄숙하고 진지하기만 한 기독교 인들에게 이야기를 할 때 그런 표현을 씁니다. 엄숙한 제도종교의 틀에 갇힌 예수를 해방시키고 싶기 때문이지요. '조르바-예수'라고 하면, 덩실덩실 춤 추는 예수가 연상되지 않나요? 실제로 조르바는 자기 맏아들이 죽었을 때도 들판에 나가 춤을 추었거든요.

아무튼 예수나 조르바 같은 인물은 '고정관념'으로부터 자유로운 분들입니다. 눈앞의 사물을 대할 때나 사람을 대할 때, 항상 그것을 새롭게 열리는 패로 읽었습니다.


예수의 행적이 나타난 복음서에 보면 이런 일이 있었습니다. 한번은 유대인들이 태어날 때부터 눈먼 사람을 데려와서, 그가 눈먼 것이 누구의 죄 때문이냐고 예수에게 물었습니다. 그런 질문을 던진 이들은 사람이 질병에 걸리는 것은 누군가의 죄 때문이라고 여겼던 것이지요.

이때, 예수는 자기를 올가미에 걸려고 질문을 던진 이들의 종교적인 고정관념을 단숨에 부수어 버립니다.

"그가 눈먼 것은 그의 죄나 그의 부모의 죄 때문이 아니라, 하느님께서

하시는 일을 그에게서 드러내려 함이다."

　눈먼 사람을 정죄하려는 이들의 닫힌 시선과는 달리, 예수는 눈먼 사람을 그의 과거에서 자유롭게 해 줄 수 있는 열린 시력을 가지고 있었습니다. 생의 아픔을 지니고 있는 이들을 과거에 묶어 두려는 것은 그에게 아픔을 더해 줄 뿐이지요. 생의 아픔을 지니고 있는 이의 아픔을 덜어 줄 수 있는 길은, 그를 아픔의 과거로부터 풀어 주어야 한다는 것을 예수는 잘 알고 있었던 것입니다.

　이미 눈이 멀었는데, 그가 눈먼 것이 누구의 죄냐고 묻는 것은, 눈먼 사람에게 아무런 도움이 되지 않습니다. 그것은 눈먼 사람의 고통의 현실을 직시하는 태도가 아닙니다.

　흔히들 이 얘기에서 소경이 눈을 뜨게 되는 기적에 초점을 맞추지만, 그것보다 더 주목할 것은 소경을 고통의 과거로부터 풀어 준 예수의 놀라운 시력입니다. 사실상 소경을 그의 과거 따위와 연결하지 않고, 있는 그대로 바라보는 그 바라봄이 이미 기적이란 말이지요. 아니, 소경을 자비의 눈길로 바라보는 예수의 존재 자체가 기적이라는 말입니다.


　고스톱 얘기를 하다가 보니, 얘기가 길어졌군요. 무슨 먼지 덮인 경전 같은 데서만 우리가 삶의 지혜를 얻을 수 있는 것이 아니란 걸 친구의 고스톱 얘기에서 알 수 있었습니다. 하여튼 고스톱 치는 이들이 모인 자리를 기웃거려 보면, 모두 눈에 불을 켜고 자기 손에 든 패를 바라봅니다. 더러는 밥 먹는 것도 잠자는 것도 거르며 몰입한다더군요. 이렇듯 물질의 탑을 쌓기 위해서는 깨어 있는 이들이 많으나, 영혼의 탑을 쌓기 위해 깨어 있는 이들은 찾아 보기 어려운 세상입니다.

 오늘 떠오른 해와 달과 별이 우리가 읽을 새 패입니다. 지금 깨어 있는 이에게는 자기 앞의 사물과 사람이 새 패입니다. 매 순간이 우리가 읽을 새 패입니다. 그런데도 우리는 과거에 얽매여 현재에 등 돌릴 때가 많습니다. 그것은 죽은 자의 사랑과 같습니다. 죽은 자의 사랑은 계속되지 않습니다. 죽은 자는 돌아오지 않기 때문입니다. 그러나 살아 있는 자의 사랑은, 안에서 봐도 밖에서 봐도, 모든 순간에 새싹처럼 신선합니다.

 당신은 어떻습니까. 당신의 사랑은 죽은 자의 사랑입니까, 아니면 산 자의 사랑입니까.

## 걷는 즐거움으로의 초대

걷는다는 것은 세계의 알몸과 만나는 일입니다. 걷는다는 것은 내 오관에 닿아 오는 세계를 알몸으로 만나면서 나 역시 알몸이 되는 것입니다.

늦가을의 어느 날, 선배와 산행을 다녀오면서 그런 체험을 했습니다. 산은 늦가을의 산답게 깊이 무르익고 있었습니다.

산은 그 추락하는 붉은빛으로 상실과 퇴락을 느끼게 하기보다는 성숙의 깊이를 보여 주었습니다. 열정의 여운이 불그죽죽 남아 있는 산색은 하강의 기운이 역력했지만, 그 하강의 빛깔은 여느 때와 달리 성숙의 징표로 읽혀졌습니다. 아마도 생의 가을에 접어든 내 나이 탓일 것입니다.

산행의 시간은 길지 않았습니다. 두 시간 남짓 걸었을까요. 우리는 산길을 내려오다가 산자락 끝에 걸려 있는 사과밭을 만났습니다. 잎사귀는 다 지고 사과만 주렁주렁 매달려 있었지요.

빨갛게 익은 사과는 저마다 작은 태양처럼 불타고 있었습니다. 수백 개의 불타는 태양들을 매달고 있는 나뭇가지들은 그 무거움을 견디지 못해 아예 땅에 주저앉아 있기도 했습니다.

시인인 선배와 나는 한참 동안 딱 벌어진 입을 다물지 못했습니다.

"풍요 그 자체야, 풍요!"

누가 먼저 그런 소리를 했는지 모르겠습니다.

"따 먹지 않아도 배가 부르군!"

우리는 사과밭 가에 퍼질러 앉아 잠시 넋을 잃었습니다. 따 먹지 않아도 배부른 부요, 우리는 그 부요를 온몸으로 느끼고 있었습니다.

우리가 꿈꾸는 낙원이 결핍이 들어설 곳이 없는 곳이라면, 사과밭이 그랬습니다. 우리가 꿈꾸는 하늘나라가 위선이 들어설 곳이 없는 곳이라면, 알몸을 드러낸 사과밭이 그랬습니다.

우리는 산자락 끝을 빠져 나오면서 옷을 벗지는 않았지만 덕지덕지 껴입은 결핍을 벗었습니다. 그리고 머리끝에서 발끝까지 껴입은 위선도 벗었습니다.

천천히, 아주 천천히 걸으면서 산행에서 얻은 환희요 은총이었지요.

거침없이 자기의 속살을 열어 보여 준 산, 그리고 그 산자락 끝에서 본 사과밭, 그 황홀한 빛 속을 걸으며 우리는 우리의 내면을 깊이 들여다보았습니다. 우리의 키 높이와 발걸음으로, 있는 모습 그대로의 세계를 바라보면서 타성에 감싸인 우리 자신의 모습을 돌아볼 수 있었던 것입니다.

〈걷기 예찬〉이란 책에서 다비드 르 부르통이 한 말이 실감으로 와 닿았습니다.

"걷는 것은 자신을 세계로 열어 놓는 것이다. 발로, 다리로, 몸으로 걸으면서 인간은 자신의 실존에 대한 행복한 감정을 되찾는다. 발로 걸어가는 인간은 모든 감각기관의 모공을 활짝 열어 주는 능동적 형식의 명상에 빠져든다. 그 명상에서 돌아올 때면 가끔 사람이 달라져서 당장의 삶을 지배하는 다급한 일에 매달리기보다는 시간을 그윽하게 즐기는 경향을 보인다. 걷는다는 것은 잠시 동안 혹은 오랫동안 자신의 몸으로 사는 것이다."

나는 산행을 다녀온 뒤 왜 우리가 '자신의 몸'으로 사는 게 어려운가를 깨달았습니다.

시간과 장소의 향유인 보행을 우리가 기피하기 때문입니다. 한가로운 걷기로서의 보행은 곧 현대성으로부터의 도피로 여기는 경향이 우리의 의식에 뿌리 틀고 있기 때문입니다. 걷기를 시대착오적이라고 여기는 현대성에 침륜된 우리의 뒤틀린 의식이, 우리의 몸이 선호하는 것을 거부하고 있는 것입니다.

몸은 걷는 것을 좋아합니다. 편리와 신속과 효율에 붙잡혀 걷기를 기피하는 것은 우리의 중독된 의식이지 우리의 몸이 아닙니다.

현대성이라는 마술에서 우리의 의식이 헤어 나오지 못하면, 우리는 우리를 낳은 어머니 대지로부터 멀어지고, 그 어머니의 자식인 우리의 몸으로부터도 멀어집니다.

몸으로부터 멀어진다는 것은 우리의 존재 기반의 상실을 의미합니다. 현대성의 한 상징인 자동차를 이용하면서 인간은 자신의 몸을 소외시키고, 자신의 몸을 '몸의 주인'으로부터도 소외시켰습니다.

티베트 어로 인간은 '걷는 사람'을 뜻한다고 합니다.

생물학적으로도 인간의 발과 다리가 식물과 같은 뿌리가 아닌 것은 인간이 그 어딘가를 향해 걷기 위한 존재임을 뜻하는 것이지요. 인간을 '나그네'로 표현하는 것이나, '순례자'로 일컫는 것은 인간을 걷는 사람으로 보는 티베트 인들의 정의와 합치됩니다.

성서에서 최초로 신의 뜻에 합치한 사람, 의인으로 일컬어지는 에녹도 '걷는 사람' 이었습니다. 그는 무려 3백 년 동안 '신과 함께 걸은 사람' 으로 기록되어 있습니다. 지칠 줄 모르고 신을 향해, 신과 함께 걸었다는 것은 그 신심信心이 남달랐는 것을 보여 주는 소중한 자료입니다.

탐욕이나 집착 등의 불필요한 세속의 군더더기를 비워 낸 가난한 마음이 없으면 그런 순례는 불가능하지요. 경건함과 겸허, 인내 역시 그런 순례를 위해 꼭 필요한 덕목입니다. 다비드 르 부르통은 말합니다.

"길을 걷는 것은 장소의 정령에게, 자신의 주위에 펼쳐진 세계의 무한함에 바치는 끝없는 기도의 한 형식이다."

오늘날 걷기는 몸의 건강과 삶의 여유를 잃어버린 이들에게 하나의 스포츠가 되어 버렸지만, 영적인 순례를 하던 이들에게 걷는 것은 신神과의 친교와 일치를 모색하는 소중한 방편이기도 했습니다.

그리스도 인들이 읽는 시편은 본래 신을 만나기 위해 성전을 향해 걸어가면서 부르던 노래였습니다. 그런 걷기 속에서 히브리 인들은 영성靈性을 수집하는 꿀벌처럼 이집트의 노예생활에서 풀려 난 해방의 역사를 기리고, 신에 대한 헌신을 새롭게 다짐하며, 자신들의 삶의 불안과 고뇌를 치료하는 약을 발견하기도 했던 것이지요.

오늘날 신앙의 쇠퇴는 보행步行의 즐거움을 잃어버린 것과 무관하지 않아 보입니다. 내가 젊었을 때만 해도 십 리나 되는 예배당을 즐겁게 걸어서 다녔습니다. 그렇게 걷는 동안 꽃과 새와 들판과 해와 달과 별들을 바라보며 초록의 사원寺院에 깃든 신의 창조의 신비와 아름다움이 저절로 가슴에 새겨지곤 했습니다.

걷기는 곧 예배며 찬양이었고, 영원을 향한 순례였습니다. 하지만 걷기의 여백을 잃어버린 현대인들은 '영원을 향한 순례'의 마음조차 잃어버렸습니다.

신을 향한 순례의 가장 소중한 덕목은 마음의 여백입니다. 미친 듯이 달려가는 자동차 속에서 아름다운 풍경들이 그냥 스쳐 지나가고 말 듯이, 여백이 없는 마음은 신의 숨결로 피어난 꽃의 아름다운 빛깔과 향기를 느낄 수 없는 것입니다.

영원한 젊음을 향유하는 신의 정원에 누가 들어갈 수 있을까요. 천천히 걷고 또 걷는 이만이 신의 정원에 들어갈 입장권을 얻을 수 있는 것이 아닐까요.

## 마임, 몸으로 말하는 사랑

 벙어리인 한 어머니가 있었습니다. 어머니는 하나뿐인 아들을 키우기 위해 매일 일을 하느라 간단한 수화조차 배울 시간이 없었습니다. 그 모습이 늘 안타깝고 애틋했던 아들은 다 장성하여 어머니에게 자신이 무엇을 해 드릴 수 있을까 고민했지요.
 그렇게 며칠을 고민하던 아들은 어머니에게 수화手話를 가르쳐 드리기로 마음먹었습니다. 두 팔을 벌려 하늘의 새를 설명했고, 어머니가 제일 좋아하시는 사과를, 또 어느 추운 겨울날은 어머니가 손수 떠 주신 따뜻한 털모자를 설명했습니다. 어머니는 아들의 정성 때문인지 늦은 나이에도 아주 열심히 수화를 배우고 익혔습니다.
 어느 날 문득 아들은 어머니에게 '사랑'이라는 단어를 가르쳐 드리고 싶었습니다. 그러나 '사랑'이라는 단어는 새나 사과처럼 몸짓으로 설명할 수 있는 것이 아니었지요.
 아들은 너무나 막막한 심정이 되었습니다. 어머니 눈을 바라보며 온갖 몸짓을 다했지만 결코 사랑을 설명할 수 없었습니다. 답답한 나머지 아들은 그만 울음을 터뜨리고 말았습니다.
 그 모습을 본 어머니가 가만히 아들의 손을 잡았습니다. 그리고는 천천히 고개를 끄떡였습니다. 아들이 안타깝게 흘리는 눈물을 보며 자신에게 가르쳐 주려던 말이 사랑이라는 것을 알았던 것입니다.

 이 감동적인 얘기는 마임배우 유진규의 책 〈말하지 않기에 더 느낄 수 있습니다〉에서 읽었습니다.
 사랑은 말로서 다 표현할 수 없고, 사랑을 표현하는 데는 말이라는 도구보다는 침묵의 말인 '몸짓' 이 더 유용함을 역설하고 있습니다. 사랑은 우리의 육안으로 볼 수 있는 것이 아닙니다.
 어디 사랑뿐입니까. 시간이 그렇고, 영혼이 그렇고, 신神 또한 그렇습니다. 이처럼 눈에 보이지 않는 것들을 표현하려 할 때 '말' 이라는 도구는 부적합하기 짝이 없습니다. 보이는 것들을 표현하는 데 쓰는 산문적인 언어는 참으로 부적합합니다.
 이때, 우리는 그 불가시적이고 신비하고 모호한 것들을 표현하기 위해서 침묵에 가까운 시적인 언어, 상징, 우화, 또는 '몸짓' 을 사용합니다. 이런 도구들이 그 불가시적이고 신비하고 모호한 세계를 표현하기엔 훨씬 더 적합합니다.
 사실 나는 마임배우 유진규를 책으로서보다 그의 '몸짓' 으로 먼저 만났습니다.

지난 부활절 날이었지요. 우리 교회에서는 오후 예배 때 마임배우 유진규를 초청하여, 평소의 성경공부를 대신하여 '부활의 몸짓' 이라는 마임을 보았습니다.

하얀 천으로 된 얼굴 가리개 밀가루 포대처럼 생긴! 만을 도구로 들고 나온 그는, 십자가의 고난에서 부활에 이르는 과정을, 말 한 마디 없이 오로지 '몸짓' 으로만 보여 주었습니다.

호기심에 찬 어린이들은 숨을 죽이며 보다가 철없이 웃음을 터뜨렸고, 나이 많은 노인들은 말없는 과정이 지루한지 아예 끄떡끄떡 졸기도 했습니다.

하지만 나는 그 '몸짓' 에 빠져 들었습니다. 얼굴과 팔과 다리 등 온몸의 근육이 긴장과 이완을 거듭하는 과정 속에서, 예수의 고뇌와 슬픔, 인내, 격정, 그리고 다시 삶의 환희를 생생하게 맛볼 수 있었습니다.

새로운 경험이었지요. 침묵의 몸짓이 그토록 강렬한 느낌과 전율로 와 닿은 것은 처음이었습니다. 어떤 설교, 어떤 강론보다 더한 실감實感으로 내 혼을 뒤흔들었습니다.

마임을 보고 온 날부터 사물과 세상이 달리 보였습니다. 산책길에 만난, 태양의 딸들처럼 피어 있는 민들레꽃, 침묵의 덩어리인 돌들, 개나리 덩굴 속을 들고나며 쨱쨱대는 새들이 이전과는 다르게 느껴졌습니다. 가족이나 이웃 사람이 말을 붙여도, 나는 그의 표정과 몸짓을 함께 읽으려 했습니다.

유진규의 지적처럼 말보다 침묵이, 침묵의 표정과 몸짓이 인간의 진실을 훨씬 더 잘 드러내기 때문입니다.

"삶의 순간순간에서 보면 백 마디 말보다 단 한 번의 침묵이 더 큰 힘을 발휘할 때가 있다. 사람 사이의 관계에서, 특히 사랑하는 사람들 사이에서는 오히려 말보다 침묵이 더 깊은 느낌을 전달하기도 한다. 사랑하는 연인들에게는 말이 필요 없다."

무려 30년 간 마임을 해 온 유진규는, 어느 순간에도 우리의 몸은 거짓말을 하지 않는다는 것을 알게 되었다고 합니다. 이것이 자기가 마임을 놓지 못하는 이유라고!

말없이 몸짓으로만 표현하는 마임행위에는, 그 수단이 몸이기에 그 어떤 거짓도 있을 수 없다는 것입니다. 말로는 도저히 다가갈 수 없는 본질과 진실이 마임의 세계 안에 있다는 것이지요.

그날 뒤풀이 자리에서 유진규는, 자기는 마임을 얼굴이나 손발의 동작으로만 아니라 '등'으로도 표현하려 한다고 했습니다.

'등'으로 표현을 하다니!

그의 말을 듣고 나는 적잖은 충격을 받았습니다. 내가 충격을 받은 이유는, 그가 정말 자기 몸을 사랑한다는 것이었습니다.

따지고 보면, 우리 몸의 어느 부분인들 자기를 표현하고 싶지 않겠습니까. 하지만 나는 내 '등'에 표현의 기회를 준 일은 없었지요. 거의 입과 얼굴과 손발만 사용해 나를 표현해 온 삶이 참 왜소하기 짝이 없다는 생각도 들었습니다.

'등'에도 표현의 기회를 준다는 말은, 말에 중독되어 살아온 이가, 이제는 '본질적 말'인 침묵을 소중히 여긴다는 것에 다름 아닌 것이지요. 사물과 존재의 이면裏面을 생각하지 않는 삶은 얼마나 천박하던가요.

위대한 신비가 마이스터 에크하르트는 신이 가장 잘 알아들을 수 있는 언어는 '침묵'이라고 했습니다. 그렇다면 신은 절제되지 않고 수다스럽게 내뱉는 말보다는 침묵의 말인 인간의 '몸짓'을 더 사랑하지 않겠습니까.

곰곰이 생각해 보면, 예수 역시 위대한 '마임배우'였던 것 같습니다.
간음하다가 현장에서 잡혀 온 여인을 정죄하려는 무리에 둘러싸인 예수가, 자기의 등을 보이며 땅에 엎드려 뭔가를 씀으로써 정죄하는 무리들을 물리치고 여인을 죽음의 사슬에서 풀어 주신 것이 그러하고, 생사여탈권生死與奪權을 쥐고 있는 빌라도가 심문하는 자리에서도 구차하게 살아남기 위해 자기를 변호하는 말을 하지 않고 '침묵'으로 응대한 예수의 모습에서도 그러한 면모를 읽을 수 있습니다.

이것은 예수가 사람을 죽음의 사슬에서 풀어 주는 데는 때로 말보다 몸짓이 유용한 도구임을 알고 계셨고, 거짓된 말이 난무하는 세상에서 말이란 도구가 진실을 드러내기엔 턱없이 부적합한 것임을 누구보다도 잘 알고 계셨기 때문이 아닐까요.

오늘 우리는 말과 침묵 사이의 균형을 잃었습니다. 우리의 삶이 붉은 진흙탕 속을 걷는 듯 뒤뚱거리며 불행에서 벗어나지 못하는 것은 그 둘

사이의 균형을 잃었다는 사실조차 모르고 사는 데 있는 것이 아닐까요.
 유진규의 마임은, 균형을 상실한 우리 삶의 속내를 알뜰살뜰히 살피게 해 줍니다. 그리하여 참 나 자신으로 돌아가도록 일깨워 줍니다.
 자기 자신으로 돌아가는 일 말고 다급한 일이 또 무엇이 있겠습니까.

## 예수, 똥짐을 지고 가다

문학은 기억의 힘에 의존합니다. 지금 나의 이 글쓰기도 꽤 오랜 기억의 헛간을 뒤져 나온 것입니다. 오늘 내가 먼지 자욱이 덮인 기억의 헛간 한 구석에서 찾아낸 것은 오래도록 방치해 둔 내 '아버지의 농업' 입니다.

아버지의 농업은 기계가 없던 시절의 농업입니다. 아버지의 농업은 거칠어진 손과 발을 부지런히 움직여야 했던, 아주 소규모 자작농이었습니다. 큰 일꾼 중의 일꾼인 황소를 앞세워 쟁기로 땅을 갈고 엎고, 황소가 끄는 수레로 가을 들녘에 탱탱히 여문 낟알들을 집 안으로 들여놓던 시절의 농업이었습니다. 인비人肥가 막 나오기 시작했으나, 땅심을 돋우기 위해서 인분人糞과 퇴비를 넣어 짓던 농업이었지요.

새벽잠이 없던 아버지는, 농한기에는 뒷간에 쌓인 거름을 손수 거름지게로 져다가 밭을 걸구었습니다. 밭은 십 리를 걸어야 하는 먼 길이었으나 아버지는 어머니가 아침밥을 차려 놓을 무렵이면 벌써 밭에서 돌아와 빈 거름지게를 뒷간 앞에 훌떡 벗어 놓곤 하셨지요.

구린 거름 냄새가 온 집안에 진동하며 코를 찔렀으나 밥상 앞에 앉은 식구들은 아무도 코를 막거나 얼굴을 찡그리지 않았습니다. 상 위에 놓인 먹거리와 거름의 순환과정을 직접 보고 냄새 맡고 몸으로 겪었기 때문입니다.

아직 어린 나이였지만, 나는 아버지의 농업에서 밥과 똥을 둘로 갈라서 생각할 수 없었습니다. 밥과 똥의 이원화二元化는 인비가 확대되고 기계농으로 바뀌면서 생겨난 현상입니다. 밥과 똥의 이원화는 자연의 순환 원리를 거스르는 것입니다. 적어도 아버지의 농업에서 농심農心은 천심天心이었으나, 이젠 그런 천심을 품은 농심을 찾아보기는 어려운 세상이 되었습니다.

이문재 시인의 〈농업박물관 소식—우리 밀 어린 싹〉은 이런 농심의 사라짐을 슬퍼하는 듯 보입니다.

만일 지금 예수가 오신다면
십자가가 아니라 똥짐을 지실 것이라는
권정생 선생의 글을 읽었다.


점심 먹으러 갈 때마다 지나다니는 농업박물관
앞뜰에는 원두막에 물레방아까지 돌아간다.
원두막 아래 채 다섯 평도 안 되는 밭에
무언가 심어져 있어서 파랬다.

우리 밀, 원산지: 소아시아 이란 파키스탄이라고 쓴
푯말이 세워져 있었다.

농업박물관 앞뜰
나는 쪼그리고 앉아 우리 밀 어린 싹을
하염없이 바라다보았다.
농업박물관에 전시된 우리 밀
우리 밀, 내가 지나온 시절
똥짐 지던 그 시절이
미래가 되고 말았다.
우리 밀, 아 오래 된 미래

나는 울었다.

아버지의 농업은 이제 농업박물관으로 들어가고 말았습니다. 하늘마음天心을 품고 거름을 져 나르던 농심 역시 농업박물관에 전시될 뿐입니다.
땅심을 걸구지 않는 농심은 하늘마음을 품지 못합니다. 편리와 자본에 눈이 멀어 땅심을 돌보지 않는 농업은 우주의 순환원리에서 멀어집니다. 대지 위에 살아 있는 생명의 순환질서에 민감했던 예수는, 한 알의 밀이 '땅'에 떨어져 죽어야만 살 수 있다고 했지요. 예수는 하늘을 극진히 공경하는 분이었지만, '땅'에 충실한 분이었습니다. 생명의 근원에 닿은 이는 땅에 깊이 뿌리내리는 법이지요. 무슨 어려운 경전을 참고할 필요도 없이 가까이 선 나무만 보아도 우리는 그것을 눈치 챌 수 있습니다. 이때 나무는 그 무엇보다 큰 경전 노릇을 하는 셈이지요.

아버지의 농업에서 밥과 똥이 둘이 아니듯이, 예수에게 하늘과 땅은 나뉘어질 수 없는 것이었습니다. 하늘의 뜻을 땅을 통해 이루려는 것이 예수의 삶이었지요. 다시 말하면, 올곧은 생명의 순환질서가 땅 위에 실현되도록 하려는 것이 예수가 신명을 바쳐 가꾸려고 한 하느님 나라였습니다.

만일 지금 예수가 오신다면
십자가가 아니라 똥짐을 지실 것이라는
권정생 선생의 글을 읽었다.

예수가 오신다면 왜 '십자가'가 아니라 '똥짐'을 질 것이라고 시인은 표현한 것일까요.

십자가는 본래 한 알의 밀이 땅에 떨어져 죽듯이 '자기 부정'을 상징하는 것입니다. 하지만 오늘날 십자가는 그 상징성을 잃고 몸에 걸치는 액세서리로 변해 버리고 말았습니다.

시인은 그래서 예수가 다시 오신다면 '똥짐'을 지실 것이라고 하는 권정생의 말에 동감을 표시하는 것이 아닐까요.

내 아버지의 농업에서 직접 보았듯이, 똥짐 지는 일은 땅심을 돋우는 일이며, 어그러진 생명의 질서를 바로잡고 온전하게 가꾸는 일입니다. 예수 역시 '아버지(농부 하느님)'의 뜻을 따라 하느님 나라의 회복, 생명 질서의 회복을 위해 일하신 분이지요. 그러니 시인은 그분이 다시 오신다면 급한 일 중의 급한 일, 생기를 잃어버린 땅심의 회복을 위해 '똥짐' 지는 일을 하실 것이라고 한 것이 아닐까요.

하지만 새파란 싹을 틔운 우리 밀은 '박물博物'이 되어 농업박물관에 전시되어 있을 뿐입니다. 똥짐을 져 나르며 땅심을 돋우던 아버지의 농심은, 아니 그 천심은 무슨 모형처럼 남아 있을 뿐입니다.

똥짐 지듯 그렇게 하늘 아버지의 마음을 품고 땅심을 풍요롭게 돋우던 예수의 삶도, 그 후예들에 의해 이어지지 못하고 '박물'이 되어 있는 것은 아닐까요. 박물관 앞뜰에 앉아 우리 밀 어린 싹을 하염없이 바라보는 시인처럼 우리는 예수의 재림再臨만을 멍하니 앉아 기다려야 하는 걸까요.

우리 밀, 내가 지나온 시절
똥짐 지던 그 시절이
미래가 되고 말았다.
우리 밀, 아 오래된 미래
나는 울었다.

시인은 그러나 '똥짐 지던 그 시절'을 과거로 치부해 버리지 않습니다. 가난하지만 자족하고, 자립하고, 자존하던 그 시절이 돌아오기를 간절히 비나리하고 있습니다.

하지만 그 시절은 '미래'가 되고 말았습니다. '아, 오래된 미래!' 그래서 시인은 웁니다.

나도 울었습니다. 내 기억의 헛간에서 새삼스레 찾아낸 아버지의 농업을 생각하면서, 우리 곁에 다시 오신다면 똥짐을 지고 걸어가실 예수의 하늘 농업을 떠올리면서!

## 나무의 웃음 속으로 걸어 들어가 봐!

폭설에 주저앉은 비닐하우스를 바라보는 농부처럼 세상살이가 답답하고 울적할 때는 동시童詩를 찾아 읽습니다. 동시 한 편을 아이들처럼 큰 소리로 또박또박 읽고 나면, 답답함도 울적함도 온데간데없고 문득 동심童心에 젖어 듭니다.

오늘 아침에도 그랬습니다. 몇 해 전 어느 가을날 우연한 기회에 만난 적이 있는 산골 초등학교 교사인 이화주 시인의 동시집을 펼쳤습니다. 그리고 아무도 들어 주는 이 없지만 큰 소리로 낭송을 했습니다.

가을날 은행나무 밑에 가 본 적 있니?
소리 없이 웃고 있는 나무의 웃음이
등불보다 더 환한 은행나무 밑
나무의 웃음 속으로 걸어 들어가면
나무도, 나무도 네 생각 속으로 걸어 들어와

네 가슴에 천만 개 황금빛 등불을 켜 준단다.
가을에는 등불보다 더 환한
나무의 웃음 속으로 걸어 들어가 봐.


〈나무의 웃음 속으로 걸어 들어가 봐〉란 제목의 시입니다.
 이 시를 읽고 나니, 지난해 가을 구룡사를 찾아갔던 기억이 불현듯 살아왔습니다. 치악산 깊은 골짜기에 있는 사찰을 일부러 찾아간 것은 부처님을 만나기 위함이 아니라, 바로 그곳에 있는 은행나무를 만나기 위해서였지요. 대웅전 아래 약간 비탈진 언덕에 우람하게 솟아 있는 은행나무, 그 수령樹齡은 잘 모르지만 아마도 수백 년은 되었지 싶었습니다.
 연인을 끌어안듯 두 팔을 힘껏 벌려 안았는데, 무려 네 아름이 넘었습니다. 나무를 품에 안고 하늘을 올려다보았습니다. 하늘이 보이지 않았습니다. 아니, 수천만 개의 황금빛 등불을 밝힌 듯 하늘이 환하게 빛나고 있었습니다. 전혀 다른 하늘, 다른 세상이었습니다.
 등산로 옆에 있는 곳이라 사원을 찾아드는 사람들이 장바닥처럼 붐비고 있었지만, 따로 무슨 설법說法이 필요할 것 같지 않았습니다. 누군가 헤프게 입을 벌려 설법을 한다면 차라리 구차하게 느껴졌을 것입니다. 자비든 평화든 해탈이든, 어떤 그럴 듯한 설법도 귀에 들릴 것 같지 않았습니다. 황금빛 나뭇잎이 우수수 흩날리며 떨어지는 소리, 촘촘한 나뭇가지 사이로 날아다니는 산새들이 지저귀는 소리에 잠겨 들며 나는 형언할 수 없는 평화에 잠겨 들었습니다.

그날, 나는 나무의 신도가 되었습니다. 그리고 나무 아래 서서 공손히 두 손을 모았습니다. 그 순간 나는 시인처럼 '나무의 웃음' 소리를 들었습니다.

등불보다 더 환한 은행나무 밑
나무의 웃음 속으로 걸어 들어가면
나무도, 나무도 네 생각 속으로 걸어 들어와
네 가슴에 천만 개 황금빛 등불을 켜 준단다.

나무가 내 생각 속으로 걸어 들어와 켜준 등불, 그 등불 빛은 세상의 어떤 빛보다도 밝고 환했습니다. 그 등불의 환한 빛은 세상의 무엇과도 비길 데 없는 큰 위안과 기쁨을 주었습니다.

왜 아니겠습니까. 나무는 우리의 생각을 열기만 하면, 마음을 열기만 하면 우리 속으로 걸어 들어옵니다. 번쩍이는 금화와 좋은 옷과 큰 자동차와 넓은 아파트와 같은 것들에 애면글면하던 마음을 내려놓고 가슴을 열기만 하면, 나무는 우리 속으로 걸어 들어옵니다.

나무는 가만히 서서 아무 것도 하지 않는 것 같지만, 하지 않는 것이 없습니다. 그렇습니다. 로세르토 후에로스라는 시인의 말처럼, 아무 것도 하지 않는 것 같은 그것이 '세상의 균형을 유지시켜' 줍니다. 우리가 천진한 동심의 눈을 뜨고 볼 수만 있다면, 나무가 우리 속으로 걸어 들어와 우리 속에 등불을 켜 주는 것을 볼 수 있습니다. 온갖 세상 탐욕에

끄달려 어두워지고 뒤틀린 우리 마음도 밝게 바로잡아 줍니다. 휴식을 상실한 마음에 휴식을 안겨 줍니다. 그 크고 너른 품에 덥석 안아서 말입니다.

붓다는 보리수나무 아래서 깊은 명상에 들어 깨달음에 이르렀고, 모세 역시 불에 타지 않는 떨기나무 아래서 신과 만나는 은총을 얻었습니다. 마음의 평정을 잃고 쫓기던 예언자 엘리야, 그 역시 로뎀나무 아래로 걸어 들어가 마음의 평정을 되찾습니다. 그는 로뎀나무 아래서 천사가 깨운 뒤에야 일어날 정도로 깊은 잠을 잤습니다. 깊은 잠은 지친 사람에게 생기를 되찾게 해 줍니다. 엘리야는 그 나무 아래서 자고 일어난 뒤에 비로소 신의 음성을 듣습니다.

몸과 영혼이 지치고 평정을 잃은 존재는 신의 소리를 경청할 수는 없습니다. 그런 사람은 무엇보다도 우선 푹 쉬어야 합니다. 쉼은 마음에 여백을 제공합니다. 아무리 전지전능한 신이라 하더라도 여백 없는 마음에 어떤 울림을 줄 수는 없습니다. 모세나 엘리야를 비롯한 많은 성인들은 신과 마주치는 울림을 나무 아래서 얻었습니다. 이때 그들을 품에 안아 진정한 휴식과 비움에 이르게 한 나무는 '성소聖所'에 다름 아닙니다. 거룩의 현현顯現을 경험하는 자리라는 말입니다.

'나무의 웃음 속으로 걸어 들어가' 보라고 속삭이는 시인은 동심童心의 회복을 촉구하는 듯싶습니다. 동심의 회복, 그것이야말로 우리의 마음자리를 '성소'로 곧추세우는 첫 걸음이 아니던가요.

어린아이와 같이 되지 않으면 하늘나라 입장권을 얻을 수 없다던 예수의 가르침 역시 시인의 속삭임에서 멀지 않습니다. 바람결에 뒤척이는 나뭇잎에서 깔깔대는 나무의 웃음소리를 듣고, 그 깔깔대는 웃음소리와 하나 될 줄 아는 아이들의 놀라운 교감능력을 회복할 때, 비로소 우리는 '낙원'의 문지방을 넘어갈 수 있는 것이 아닐까요.

산과 들에는 이제 가을 기운이 완연해졌습니다. 산색이 울긋불긋하게 바뀌기 시작하고, 어떤 나뭇잎들은 벌써 바람결에 춤을 추며 하강의 곡선을 그리고 있습니다. 나는 올 가을이 다 가기 전에 다시 구룡사 은행나무를 보러 가려 합니다. 소리 없이 웃는 나무의 웃음 속으로 걸어 들어가, 그 말없는 설법을 경청하려 합니다. 그리고 나무가 켜 주는 세상의 어떤 등불보다 더 밝은 황금빛 등불을 가슴에 달아 보렵니다.

## 불완전한 것이야말로 우리의 낙원

얼마 전, 어느 신부님의 초대를 받아 경기도에 있는 한 실버타운을 다녀온 적이 있습니다. 나는 실버타운 내에 있는 성당에서 미사 강론을 하도록 되어 있었지요.

어둠이 걷히고 동이 터 오를 무렵 장엄한 미사는 올려졌고, 미사가 끝난 뒤 황혼의 삶을 그곳에 의탁한 노인들과 함께 식사를 했습니다. 삶의 벼랑 앞에 선 노인들이지만 숟가락을 들고 식탁에 둘러앉은 이들의 몸짓에서는 이상한 활기마저 느껴졌습니다.

간소한 식사를 마친 뒤, 나는 신부님의 안내로 실버타운 곳곳을 둘러보았습니다. 공들여 지은 건물과 생활의 불편이 없도록 배려한 시설, 신심信心을 북돋기 위해 설치한 각종 성물聖物과 성화들, 그리고 납골당에 이르기까지 실버타운은 고급 양로원답게 잘 꾸며져 있었습니다.

산 중턱에 있는 납골당을 돌아보고 나서 다시 본관 건물로 들어서는데, 건물 정면 꼭대기에는 가슴을 치는 서늘한 글귀가 큼지막하게 새겨져 있었습니다.

"놓아라!"

고딕체로 씌어진 그 글귀는, 말없는 웅변雄辯이었습니다. 지금껏 꽉 움켜잡고 놓지 않겠다고 버팅겨 온 내 품안의 것을 순식간에 놓아버리도록 꾸짖는 놀라운 웅변이었습니다.

나는 한참 동안 벌어진 입을 다물지 못하고 머저리처럼 멍하니 서 있었습니다. 매일 저 글귀 앞에 서서 묵상한다면 따로 무슨 강론이 필요할까 하는 생각마저 들었습니다.

그렇습니다. 우리는 모두 손에 움켜쥔 것들을 잃어버리는 날이 옵니다. 따라서 그런 날이 오리라는 사실을 먼저 받아들이라는 것입니다. 평소에 우리가 소중하게 여기던 것, 우리의 계획, 성취감, 온갖 소유, 사랑하는 사람들, 그리고 우리 자신까지 놓아버리기만 하면 진정한 자유에 이를 수 있다는 것이 아니겠습니까.

얼마 전 나는 이와 같은 '삶의 기술art of living'을 토로하고 있는 책을 우연히 만났습니다.

미국대학에서 문학평론과 단편소설을 발표해 온 필립 시먼스란 작가가 쓴 책인데, 그는 루게릭 병에 걸려 5년이라는 시한부 인생을 살며 자신의 고통스런 체험을 바탕으로 〈소멸의 아름다움〉이란 책을 펴냈습니다. 머릿글에서 저자는 이 책의 주제를 한 마디로 간단히 요약합니다.

"우리의 삶을 놓아 버리면 좀더 충실하게 우리의 삶으로 돌아갈 수 있다."

이 책에서 시먼스는 우리가 흔하게 듣는, 역경을 이겨 낸 성공담을 말하고 있지 않았습니다. 그는 휴지 한 장, 아이스크림 하나조차 들기 힘든 질병으로 고통받는 사람입니다. 땅을 똑바로 걷는 것이 얼마나 축복이냐고 말할 정도로, 그는 쇠잔해 가는 육체의 괴로움을 순간마다 삼키며 삽니다.

그러나 그는 똑바로 걸을 수 없는 비틀거리는 육체를 저주로 여기지 않습니다. 불균형한 육체가 가져다주는 생의 쓰라림을, 있는 그대로 수용하고 긍정하지요.

낙법을 배우는 이가 자신의 몸을 땅에 내던지듯이, 그는 어둠과 좌절과 고통 속으로 뒤뚱거리는 자신의 육체를 내던지는 행위를 소중하게 생각합니다. 일컬어 '낙법 배우기 Learning to falling' 이지요.

우리는 신앙행위를 사다리 오르기처럼 상승운동으로만 여기는 경향이 있습니다. 예컨대, 건강, 선善, 평화, 기쁨, 행복 등을 추구하는 것만을 신앙행위의 가치로 여깁니다. 그렇기 때문에 삶의 하강과 떨어짐은 불신앙의 징표라고 깔봅니다. 기독교 신앙에서 하강은 상승을 위한 과정으로만 이해될 뿐입니다. 항상 나중에 다시 일어나기 위해서만 넘어질 뿐이지요.

이런 사고방식은 불치의 병, 늙음, 희망의 좌절, 소유의 상실, 죽음 등 피할 수 없는 삶의 사실을 외면하게 만듭니다. 필립 시먼스처럼 지금 당장 죽음의 위협 앞에 직면해 있지 않더라도, 우리는 누구나 늙고 병들어 죽음을 향해 나아갈 수밖에 없습니다. 이것은 아무도 피할 수 없습니다.

피할 수 없는 것을 피할 수 있는 것처럼 가르치는 것은 마약을 투여하는 것과도 같습니다. 마약에 중독되어 살아가는 것은 인간의 본질에 충실한 것이 아닙니다. 환각에 빠진 인간은 진정 살아 있는 자기를 보지 못하며, 인간을 인간답게 만드는 무한한 신비에 자기를 내맡기지 못합니다. 환각에 사로잡혀 있는 사람은 생동하는 현실 바깥에서 낙원을 꿈꿉니다. 그런 낙원은 어울려 살아가는 삶과는 괴리를 일으킬 뿐만 아니라, 그와 같은 둔세적인 낙원의 추구는 때로 자기 파괴적이 될 수도 있습니다. 이런 낙원을 꿈꾸게 만드는 세상은 결코 좋은 세상이 아닙니다.

꿈은 꿈꾸는 사람을 닮는다고 하지요. 헛된 꿈은 비현실적인 사람을 닮은 것이지요. 시먼스는 비현실적인 사람이 아니므로, 시한부의 자기 생 바깥에서 기쁨과 행복을 찾으려 하지 않습니다. 현실이 고통스럽지만 둔세적 낙원에 매달리지도 않습니다. 그는 아침에 침대에서 깨어나 몹시 불편한 몸이나마 꿈지럭거릴 수 있는 하루하루를 축복으로 여깁니다. 쿵쿵 심장이 뛰고 있는 한 축복받은 존재라고 그는 고백합니다. 삶의 대긍정이지요.

그는 완전한 삶이 아니라 '불완전한 삶'을 예찬합니다. 빛과 선과 건강과 행운을 예찬하기는 쉽습니다. 그러나 어둠과 악과 불행과 죽음을 예찬하는 것은 어려운 일이지요.

자기 육신의 쇠퇴에 날마다 직면하면서, 자기 주변에서 고통받는 이들의 현실을 날마다 직시하면서, 그는 중요한 영적 과제를 발견하는데, 그 과제란 '불완전한 것이야말로 우리의 낙원'이라고 증언하는 일이랍니다.

그것은 악하고 추한 것을 모두 피하고 아름답고 완전한 것의 이미지에만 눈을 고정시키는 '플라톤의 길'이 아닙니다. 그것은 예수를 본받아 낙원에 이르기 위해서는 지옥을 거쳐야 한다는 것을 깨달은 '단테의 길'이지요. 이 길은 "우리가 누리는 복도 하느님께 받았는데, 어찌 재앙이라고 해서 못 받는다 하겠소?"했던 '욥의 길'이기도 합니다.

아침 산책길에 만나는 풀잎에 맺힌 영롱한 이슬, 아름답게 지는 저녁놀, 휘황한 보름달이 떠오르는 밤바다를 보며 조물주의 영광을 찬양하고 기쁨과 행복을 노래하는 것은 누구나 할 수 있습니다.

하지만 전쟁으로 인해 굶주리고 고통받는 아이들, 길에 버려진 행려병자나 노인들의 아픔에서 신의 현존을 느끼는 것은 아무나 할 수 있는 일이 아니지요.

그래서 시먼스는 말합니다.

꽃과 햇빛과 폭포의
아름다움에 대해
나에게 말하지 말라.
지금 여기는 평범하고
불완전한 곳이다.

삶이 성취를 뿌리는 땅은
바로 이곳이다.

인생은 그 자체로 미완未完의 집입니다. 삶이 고통스러울 때 피안으로 눈길을 돌리는 것은 미완의 집에 사는 생 자체를 부정하는 일입니다.

시몬스는 미완의 생 자체를 사랑합니다. 그는 푹푹 빠지는 진흙밭에 달린 달콤한 딸기 한 송이에서 신의 현존을 발견합니다. 나날이 망가져 가는 자신의 육신에 임하는 신의 자비와 축복을 노래합니다. 어둠과 고통 속으로 자신을 송두리째 내던지는 낙법落法 배우기를 통해 그가 얻은 선물입니다.

'놓아라!'

나 역시 실버타운에서 본 '놓아라' 라는 글귀를 통해 값진 선물을 받았습니다. 내가 움켜쥔 것을 놓을 수 있을 때 충만한 삶을 향유할 수 있다는 것을!

## 가장 힘센 것은 가장 여린 것을 겨우 만들어낸다

　누구에게 들었는지 어렴풋합니다만 그 뭉클한 기억은 지금도 또렷합니다. 짚꾸러미에 가지런히 싼 계란들 가운데 하나를 딱 깨뜨리면 나머지 알들이 모두 기절을 한답니다.
　기절氣絶이라! 나는 그 얘기를 들었을 때 눈을 휘둥그래 뜨고 한참 동안 생명의 신비에 놀라움을 금치 못했습니다. 나는 무슨 자료를 통해 그것을 입증할 길이 없지만, 사실이라고 믿습니다.
　이런 경험도 있습니다. 한번은 제가 사는 이웃에 작은 공터가 있었는데, 어떤 이가 그 공터에다가 뒤늦게 메밀 씨를 뿌렸습니다. 무슨 사연이 있었는지는 모르지만, 파종기가 훨씬 지난 뒤에 씨를 뿌린 것이지요. 그 공터를 지나다니며 어떻게 되나 지켜보곤 했는데, 추수기가 다가오자 한 뼘밖에 자라지 않은 메밀이 꽃을 피우더니 찬 서리 내리기 직전 열매를 맺어 놓은 걸 보았습니다. 물론 열매가 튼실하지는 않았지만 말입니다. 그때도 나는 헤아릴 수 없는 생명의 신비에 놀라움을 금할 수 없었습니다.

살아 있는 것들은 모두 이렇게 신비로운 깊이를 지니고 있습니다. 만물이 지닌 이런 신비로운 생명의 깊이를 탐구한 시집이 있습니다. 정진규의 〈알詩〉라는 제목의 시집입니다.

왜 하필 '알' 일까요?

시인의 눈에는 세상에 살아 있는 모든 것이 '알' 입니다. 아니, 모든 만물이 알과의 유기적 연관 속에 있습니다. '순수생명의 실체이며 그 표상'인 알을 시인이 탐구하는 것은 어쩌면 너무나 당연한 일인지도 모릅니다. 하지만 지금까지 그 실체를 탐구하여 한 권의 시집으로 담아 낸 예는 없습니다.

이것이 내가 〈알詩〉를 주목하는 이유입니다.


눈뜨는 감나무 새순들이 위험하다 알고 보면 그 밀고 나오는 힘이 억만 톰쯤 된다는 것인데 아기를 낳은 여자, 그 죽음의 직전, 직전의 직전까지 닿아 있는 힘과 같다는 것인데 햇살 속에 반짝이는 저 몸짓들이 왜 저리 연하디 연할까 다를 게 없다 가장 힘센 것은 가장 여린 것을 겨우 만들어 낸다 억만 톤의 힘을 처음부터 다시 시작한다. 처음부터라야 완벽하다 위험하다.

-감나무 새순들(알 33)

나는 감나무를 많이 재배하는 지역에 살면서 감나무의 새순들이 나오는 것을 자주 살펴보았습니다. 감나무 새순은 다른 나뭇잎들보다 늦게

핍니다.

그런데 시인은 그 새순들이 '위험' 하다고 말합니다. 그 여리디 여린 연둣빛 새순들이 위험하다니요. 아이들의 고사리 손으로 툭 치면 맥없이 꺾어지고 말 새순들이 왜 위험하다고 말하는 것일까요.

여기서 위험이란 말은 '힘' 과 관련됩니다. 단단한 껍질을 뚫고 새순을 밀어내는 힘 말입니다.

그 힘, 곧 그 에너지는 아이를 낳는 여자가 자궁 밖으로 신생아를 밀어낼 때, 그 죽음을 무릅쓴 신산辛酸의 고통 속에서 나오는 에너지인데, 시인은 그것을 수치로 표시하여 '억만 톤쯤' 되는 힘이라고 말합니다.

상상이 거의 불가능한 엄청난 힘입니다. 그래서 시인은 위험한 힘이라고 말하는 것입니다.

그 위험한 힘이 모든 알에 내재해 있습니다. 순수생명의 실체인 모든 알들은 시인의 촉각에 위험하게까지 느껴지는 그런 신비한 에너지를 내장하고 있습니다.

나무의 몸에서 태어난 새순이나 여인의 몸에서 태어난 사람이나 모두 이런 신비한 에너지를 내장한 '알' 에서 위험하게 생겨난 생명들입니다. 존귀하다는 단어가 빛바랠 만큼 생명에 대한 외경을 느끼게 만드는 대목이 아닐 수 없습니다.

시인을 더욱 경탄하게 하는 것은 '억만 톤쯤 되는' 그 위험한 힘으로 밀어내어진 새순들의 몸짓입니다.

햇살 속에 반짝이는 저 몸짓들이 왜 저리 연하디 연할까

의문사가 사용되지 않는 이 의문문의 시구에서 우리는 감동에 겨워 촉촉이 젖는 시인의 붉어진 눈시울을 보는 듯합니다.
단단한 것, 굳은 것, 강한 것들이 울끈불끈 그 힘을 뽐내며 생명의 산하山河를 유린하는 세상에 몸담고 사는 시인이기에, 연하디 연한 새순들의 몸짓이 더욱 가슴 저리게 다가왔을 것입니다.
그 연한 몸짓의 떨림을 몸으로 겪었기에 시인의 뇌리에는 이런 잠언이 떠올랐을 것입니다.

가장 힘센 것은 가장 여린 것을 겨우 만들어 낸다

이 시구의 강조점은 '겨우'에 있습니다. 연하디 연하고 눈부신 생명의 출현은 억만 톤쯤의 힘으로도 '겨우' 이루어진다는 것입니다. 다시 말하면 어떤 생명이든지 생명의 출현은 쉽게 이루어지는 것이 아니라는 통찰입니다.
오늘날 우리는 생명을 얼마나 함부로 대합니까. 첨단문명과 지성의 확장으로 밝아진 세상이라고는 하지만, 생명에 대한 핍박은 여전합니다. 그 엄청난 힘으로도 '겨우' 빚어진 생명인데, 현대인들은 생명에 대한 존엄과 외경을 잃어버린 듯이 보일 뿐입니다.
시인은 그래서 말합니다. "억만 톤의 힘을 처음부터 다시 시작한다"고.

여기서 억만 톤의 힘이 지시하는 것은 그 힘을 내장한 알, 더 나아가 그 알을 있게 한 존재의 근원입니다. 둥근 모양의 알은 작디 작고, 그 알을 있게 한 존재의 근원자는 우리 눈에 보이지 않습니다. 시인이 다시 '시작'한다는 말은 그 보이지 않는 실재를 향해 눈길을 돌린다는 말입니다. 물론 시인은 그것을 암시만 할 뿐 강요하거나 명령하지 않습니다. 명령은 시인의 몫이 아니니까요.

연하디 연한 감나무 새순이 피어나는 것을 보면서 '알'을 묵상하는 시인이 우리에게 호소하는 것은 무엇일까요?

생명에 대한 존엄과 외경의 회복입니다. 핍박받는 우주 생명들에 대한 깊은 연민이 〈알詩〉 전체를 에워싸고 있는 듯이 보입니다. 지구 생태계의 신음소리가 절정에 이른 때, 〈알詩〉가 나왔다는 것은 그것 자체로 의미심장합니다.

## 참 자아를 찾아가는 여정

어떤 수도자의 따뜻한 배려로 새소리 물소리 맑은 사원에서 하룻밤을 묵은 적이 있었습니다. 오랜만에 그 사원에서 꿈 없는 깊은 단잠을 자고 있는데, 동창이 훤해진 바깥에서 수런대는 소리가 들렸습니다.

문을 열고 나가 보니, 일찍 깨어난 수도자들이 막 동트는 햇살을 이마에 이고 마당을 쓸고 있었습니다. 아, 싸리비로 흙 마당을 쓰는 모습을 본 것이 언제였던가요.

나는 고향 옛집에 돌아온 듯한 흥취에 젖어 수도자들이 마당 쓰는 모습을 물끄러미 지켜보았습니다. 비질을 다 마친 도반道伴이 빙긋이 웃으며 내게 다가왔습니다.

"목사님, 마당 쓰는 것 처음 보세요?"

"그렇진 않아요. 비질하시는 모습이 하두 보기 좋아서요."

"하긴 그럴 거예요. 40년을 새벽마다 쓸었는데! 이 비질에도 법도法道가 있답니다, 허허허!"

도반은 허허롭게 웃으며 농처럼 그렇게 말했지만, 나는 그 농 속에 깃든 진실 한 올을 가슴 깊이 여며 두었답니다.

파울로 코엘료의 소설 〈연금술사〉를 밤늦도록 읽고 난 뒤 나는 문득 왜 그때 그 일이 떠오른 것일까요. 도반이 툭 던졌던 말처럼 비질에도 '법도'가 있다면, 우리의 삶은 얼마나 경이롭고 신비하고 깊은 것입니까.

40년을 한결같이 자기 존재의 마당을 비질하며 그 속에 깃든 삶의 비의를 본 도반처럼, 양떼를 돌보며 책에서보다 양들에게서, 그리고 여행에서 더 배울 것이 많은 것을 스스로 터득해 가는 소설 속의 주인공 산티아고처럼, 우리에게는 저마다 자기가 알뜰살뜰히 가꾸어 가야 할 자기 고유의 생이 있는 것이지요.

양치기 소년을 만난 살렘의 왕 멜기세덱은 그것을 '자아의 신화'라고 일컫습니다.

"자아의 신화를 이루어 내는 것이야말로 이 세상 모든 사람들에게 부과된 유일한 의무이지. 세상 만물은 모두 한 가지라네. 자네가 무언가 간절히 원할 때 온 우주는 자네의 소망이 실현되도록 도와 준다네."

양치기 소년 산티아고를 시련의 머나먼 여정으로 내몰았던 '자아의 신화'를 이룬다는 말은 무엇일까요. 하늘이 이미 예정한 자기만의 보물을 찾는 것을 말하는 것이 아닐까요. 제비꽃은 제비꽃으로서 피워야 할 생의 몫이 있고, 해바라기는 해바라기로서 꽃 피워야 할 생의 몫이 있듯이, 인간은 저마다 스스로 꽃 피워야 할 생의 몫이 있는 것이니까요. 이러한 자기만의 생의 몫을 인도 인들은 '다르마(의무)'라고 부른다더군요.

소설의 주인공 소년 산티아고는 자기만의 이 보물을 찾는 여정에서, 깨달음이 깊은 영혼의 스승을 만나 '삶의 연금술'을 배우게 됩니다. 연금술이란, 납과 같은 쇠붙이를 금金으로 바꾸는 기술입니다.

현자賢者들에게 금이란 가장 진화한 형태의 금속입니다. 진화의 상징인 금, 오직 이 금만을 좇는 이들이 대부분인 세상에서, 산티아고는 위대한 연금술사 노인을 통해, 진정한 연금술이 무엇인가를 배워 나갑니다.

연금술사 노인은 산티아고에게 일러 줍니다. 연금술의 참된 의미는, 납을 단지 금으로 바꾸는 기술의 터득에 있지 않고, 납을 금으로 바꾸려 할 때 그 당사자도 금처럼 진화하려고 노력하는 것이라고, 자신의 보물을 찾아 전보다 더 나은 삶을 살아가는 것이라고 말입니다.

하지만 우리는 납을 금으로 바꾸는 일에는 관심이 있으나, 우리 자신이 금이 되는 일에는 무관심하거나, 그렇게 되기를 두려워합니다. 현재의 처지에 안주하기를 바라는 크리스탈 상인처럼, 혹은 영원한 삶을 누리고자 하는 갈망을 품고 나왔으나 소유가 많아 예수를 떠나갔던 성서 속의 부자 청년처럼(마가복음 10: 17 22), 우리는 옛 자아를 벗어 버리고 새 존재로 탈바꿈하기를 두려워합니다.

진정한 거듭남이란, '나' 혹은 '나의 것'이 존재한다는 환상에서 벗어나기를 요구하고, 미지未知의 세계로 나아가야 하기 때문입니다. 고단한 사막의 여정에서 목숨의 위기에 직면한 주인공 산티아고가 '바람'으로 변해야 했을 때, 그 역시 두려움으로 몸서리칩니다.

이 중대한 시련의 고비에서 산티아고는 만물의 소리를 듣습니다.

입 없는 사막과 바람과 태양이 그에게 말을 걸어오고 그도 말을 건넵니다.

"사랑할 때 우리는 천지만물 중의 어느 것이라도 될 수 있어. 사랑을 할 때 우리는 세상에서 일어나는 일을 이해할 수 있어. 모든 게 다 우리 마음속에서 일어나니까. 심지어 인간이 바람으로 변할 수도 있어. 물론 바람이 도와 줘야 하지만."

시련의 여정을 통해 삶의 연금술을 터득한 산티아고가 '바람'을 향해 하는 말이지요. 인간이 사막의 바람으로 변하는 일이란 곧 '옛 자아의 죽음'을 뜻합니다.

기어이 바람으로 변해 목숨을 노리는 자들의 손아귀에서 벗어난 산티아고는 이제 옛 사람이 아닙니다. 그는 이제 자기 생의 보물을 발견했고, 자아의 신화를 이루어 낸 것이지요. 그는 이제 납과 같은 인생이 아닙니다. 자기 자신이 바로 '금'임을 발견한 것입니다.

진흙 속에 감춰진 보화!

연금술사의 말처럼 절대적인 영적세계가 물질세계에 맞닿아 있음을 깨달은 것입니다.

납이 금으로 진화하는 일이 알 수 없는 신비에 속하듯이, 납과 같은 인생이 금과 같은 존재로 진화하는 것은 삶의 신비에 속하는 일입니다.

우리의 존재가 생래적으로 자아의 신화를 품고 있다고 할지라도, 그 신화를 이루어 내는 것은 천지만물을 기록한 자비의 손에 우리 자신을 던질 때 가능한 일입니다. 이렇게 우리 자신을 내던지는 것을 '신뢰'라 부르고, 우리를 받아 주는 그 사랑을 신의 '은총'이라 할 수 있을 것입니다.

　이 작품을 읽고 나니, 미디안 광야로 나아가 양치기로 살다가 '거룩'의 실체와 마주친 청년 모세가 떠오르고, 뜨거운 모래바람 날리는 위험한 사막에서 악령의 시험을 이기고 사랑의 연금술사로 거듭난 예수가 연상되기도 합니다. 참 자아를 찾아가는 여정을 보여 주는 아름다운 한 모델로, 나는 양치기 청년 산티아고를 추가하고 싶습니다.

　단순하게 살기 어려운 세상입니다. 마당 쓰는 일에서 '법도'를 보던 이처럼 한가로움에 처해 살기도 힘든 세상입니다.

　그러나, 그렇기에, 천지만물을 기록한 손을 찾고자 하는 목마름은 더 커 보이기도 합니다.

　마음이 있는 곳에 보물이 있다는 사실을 잊지 말라고, 연금술사는 말합니다. 그리고 그가 주인공 산티아고에게 덧붙인 말이 '우주의 언어'를 이해하며 나만의 보물을 찾아가는 여정에 있는 우리에게 크나큰 용기를 줍니다.

　"자네가 무언가 간절히 원할 때, 온 우주는 자네의 소망이 실현되도록 도와 준다네!"

## 나는 꽃의 언어로 이야기했었다

나는 저물녘의 시간을 좋아합니다. 태양이 서산 봉우리에 엉덩이를 걸치고 수줍은 듯 붉은 속살을 내보일 때도 좋지만, 태양이 막 떨어진 뒤 사위가 어스레해질 무렵의 적막감이 느껴질 때를 특히 좋아합니다. 사물과 사물, 사람과 사람의 경계가 다 허물어지기 때문이지요.

오늘도 저물녘 혼자 집을 나섰습니다. 요즘 내가 머무는 토지문학관에서 가까운 저수지 쪽으로 발걸음을 떼어 놓았습니다. 논배미에는 겨우 한 뼘쯤 될 초록 기쁨들이 쑥쑥 자라고 있고, 흰 두루미 한 쌍이 논배미 가운데 우뚝 서서 올챙이 사냥을 하는지 긴 모가지를 쑥 뽑고 이리저리 움직이는 모습도 눈에 띄었습니다.

나무 말뚝을 촘촘히 박아 놓은 고추밭을 지나 조금 더 걸어가니 꽤 넓은 묵정밭이 나타났는데, 보랏빛 꽃을 피운 엉겅퀴들이 큰 키를 자랑하며 밭 전체를 뒤덮고 있었습니다. 게으른 밭 주인이 버려 둔 묵정밭을, 어느 시인의 말처럼, 하느님이 들꽃을 자라게 하여 뒤덮으신 것입니다.

무리 지어 핀 엉겅퀴를 보고 있으려니, 문득 화가 마티스의 멋진 이야기가 생각났습니다.

어떤 사람이 마티스에게 물었어요.

"어디서 그 많은 영감을 얻으시죠?"

여든이 넘은 나이에도 여전히 열정적으로 그림을 그리고 있는 마티스가 이렇게 대답했습니다.

"난 뜰에 엉겅퀴를 키우고 있거든요!"

다소 엉뚱하게 느껴지는 답변이지만, 뛰어난 화가 마티스의 영감의 원천은 사람들이 하찮게 여기는 엉겅퀴 같은 들꽃에서 비롯되었던 셈입니다.

나는 마티스 같은 예술가에게 경탄을 금치 못합니다. 아직도 대지라는 어머니와 그 탯줄이 튼튼히 이어져 있다는 것이 정말 놀랍지 않습니까.

진정한 예술가나 신비가들이 모두 그렇습니다. 작은 꽃 한 송이와의 교감에서 우주의 신비와 경이에 젖이 들며, 그것들이 은밀히 속삭여 주는 침묵의 언어에 쫑긋 귀를 세우는 것이지요. 삶의 환희, 사물과의 일체감, 예술의 영감은 온갖 살아 있는 것들과의 내밀한 교감에서 그 싹을 틔우고 꽃을 피우는 것입니다.

하지만 오늘 우리는 그런 내밀한 교감의 능력을 잃어버리고 사는 것은 아닐까요.


전에 나는 꽃의 언어로 이야기했었고
애벌레들이 말하는 걸 이해할 수 있었다.

찌르레기의 중얼거림을 알아들을 수 있었고
파리에게 잠자리에 대해 물어보기도 했다.
전에 나는 귀뚜라미에게 대답을 해 주었고
떨어지는 눈송이의 소리를 들었었다.
전에 나는 꽃의 언어로 이야기했었다.
그런데 그 모든 것이 어떻게 된 걸까.
나는 통 그것들을 말할 수 없으니.

-쉘 실버스타인의 〈사라져 버린 언어〉

이것이 어찌 이 시인만의 고백이겠습니까. 시인이 고백하는 '사라져 버린 언어'는 우리가 '잃어버린 언어'이기도 합니다.

전에 우리는 꽃의 언어로 이야기했었고, 찌르레기의 중얼거림을 알아들을 수 있었습니다. 어린 시절 우리는 풀밭을 뛰어다니며 방아깨비를 붙잡아 함께 이야기했고, 밤의 논둑에 앉아 개구리나 맹꽁이의 노랫말에 귀를 기울였었지요. 소꼴을 한 소쿠리 베어다가 소를 먹이면서, 큰 눈망울의 소가 건네는 눈짓도 알 수 있었지요. 무슨 시인이나 화가가 아니어도, 우리는 풀이나 꽃나무, 개울가의 돌멩이, 풀밭에서 뛰노는 곤충들의 언어를 이해했었습니다.

그러나 우리가 어른이 되어 편리와 효율을 따지고, 삶의 신비와 경이를 지폐와 금화 따위로 바꿔 버린 뒤로, 그런 소통의 언어를 상실하고 말았습니다.

그 결과 우리는 꽃나무 한 그루, 밤하늘을 수놓는 별들, 새앙쥐 한 마리조차 놀라운 기적으로 받아들이던 축복의 감수성을 잃어버리고 말았지요. 이젠 로또복권에 당첨되거나 불치의 병이 낫든지 할 때나 탄성을 지르고 기적 운운할 뿐입니다.

왜 우리의 삶이 이토록 왜소해진 것일까요. 이토록 왜소해진 인간이 과연 신神의 음성을 알아들을 수 있을까요. 꽃이든, 나무든, 바위든, 구름이든, 사물과의 가시거리, 가청거리를 상실한 우리가, 어찌 무한 무궁의 신神의 소리를 들을 수 있겠습니까.

여기서 가시거리, 가청거리를 상실했다는 것은 사물과 교섭할 여백을 잃었다는 말입니다. 가시적 매개 없이 우리가 신을 인식하는 것이 얼마나 가능할까요.

미디안 광야의 늙은 양치기 모세가 불에 타지 않는 떨기나무라는 매개 없이 신의 부름을 알아챌 수 있었을까요. 사막에 솟는 구름기둥 불기둥이 없었다면, 히브리의 유랑하던 무리가 신의 손길을 느낄 수 있었을까요. 끼니거리를 물어다주는 까마귀가 없었다면, 쫓기는 예언자 엘리야가 보이지 않는 신의 소명을 새롭게 자각할 수 있었을까요. 몸을 깨끗이 씻어 주는 요단강이 없었다면, 헐벗은 세례자 요한이 덕지덕지 때묻은 혼들을 닦아 주는 정화의식을 행할 수 있었을까요. 만찬 그릇에 담긴 빵과 포도주라는 매개가 없었다면, 예수가 어찌 하늘생명을 나누어 주는 놀라운 사랑의 비밀을 제자들에게 일깨울 수 있었겠습니까.

요컨대, 신의 그 신비롭고 놀라운 사랑의 언어를 알아듣기 위해서는 먼저 꽃의 언어와 씨르레기의 중얼거림에 귀를 기울여 보아야 하지 않겠습니까.

왜 신이 내 기도에 응답하시지 않는가 불평하기 전에 애벌레들의 말을 이해할 수 없어 안타까워하는 시인처럼 우리의 영적 감성의 퇴보를 반성해야 합니다. 게으른 밭주인이 버려 둔 묵정밭에 엉겅퀴가 저절로 피어나듯, 우리의 삶에 신의 씨앗이 떨어져 싹을 틔울 여백이 마련되어 있는지 우리 자신을 돌아다보아야 합니다.

우리는 이 지구라는 소행성의 여행자에 불과합니다. 우리가 소유할 수 있는 것이란 아무 것도 없습니다. 우리는 그 무엇을 '소유' 하기보다 '존재' 하기에 힘써야 합니다.

들꽃이나 찌르레기, 풀밭에 기어가는 애벌레 한 마리조차 그저 거기 존재할 뿐입니다. 그리고 우주만물과 소통합니다. 소통은 존재의 나눔입니다. 나눌 수 있으니 부요입니다. 그늘은 그 존재의 부요에로 우리를 초대합니다.

시인이 안타까워하는 '사라져 버린 언어'는 그것의 회복을 촉구하는 생명의 초대장이기도 합니다. 벗들이여, 움츠러들지 말고 생명의 초대에 기꺼이 응해 보시지 않으시렵니까!

## 도끼날을 향기롭게 하는 전단향나무처럼

유난히 추운 겨울입니다. 한낮에도 수은주가 영하 10도를 오르락내리락합니다.

앙상한 나뭇가지마다 은빛 서리꽃이 만개해 있습니다. 나무가 껴입은 서리꽃도 나무가 추운 겨울을 나기 위한 방편일 수 있을까요?

치악산을 올려다보니, 늙은 소의 잔등처럼 굽이치는 능선이 어제 내린 폭설에 하얗게 덮여 신령스럽습니다. 물론 다른 느낌도 겹쳐집니다. 폭설로 길을 잃은 짐승들 중에는 폭설 속을 헤매며 굶주려 떠는 놈들도 있을 것입니다.

오전에는 성당 옆에 있는 밥상공동체를 다녀왔습니다. 밥상공동체는 추운 거리를 떠도는 걸식자들에게 따순 밥상을 차려 주는 곳입니다. 제 살을 떼어 준다든지, 아낌없이 제 주머니를 턴다든지 하는 헌신의 소명은 결핍된 사람이지만, 허술한 조립식 지붕 아래 명랑한 표정으로 밥을 짓고 밥을 나르고 밥을 대접하는 이들을 만나고 돌아오니 가슴이 흐뭇했습니다.

　각박하고 모질고 메마른 세상이라고 합니다. 하지만 배고프고 가난한 이들의 벗이 되기를 원하는 밥상공동체 식구들의 움직임 속에서 각박함과 모짐과 메마름은 찾아 볼 수 없었습니다.

　나 아닌 것들을 위해
　마음을 나눌 줄 아는 사람은
　아무리 험한 날이 닥쳐 오더라도
　스스로 험해지지 않는다.
　부서지면서도
　도끼날을 향기롭게 하는
　전단향나무처럼.

　마음이 맑은 사람은
　아무리 더러운 세상에서라도
　그 마음 흐려지지 않는다.
　뱀들이
　온몸을 친친 휘감아도
　가슴에 독을 품지 않는
　전단향나무처럼.

〈인도 잠언시〉에 나오는, 그 이름도 알려지지 않은 무명인의 시입니다.

'나 아닌 것을 위해 마음을 나눌 줄 아는 사람'은 어떤 사람일까요? '나'나 '나의 것'이 따로 있다고 여기는 사람은, '나 아닌 것'을 위해 제 가진 것을 나눌 수 없을 것입니다.

사람이 의식하든 의식하지 않든, 날마다 들이쉬고 내쉬는 숨이 뚝 끊어지면, '나'나 '나의 것'도 사라지고 맙니다. 그러므로 '나'나 '나의 것'이 있다고 생각하는 것은 착각이요 공상일 뿐입니다. 이와 같은 착각과 공상에 사로잡히면, 사람이 각박하고 모질고 메말라집니다. '나'를 제외한 모두를 '남'으로 여기기 때문입니다.

이렇게 되면, '험한 날'이 닥쳐올 때 험해지지 않을 수 없습니다. 험한 날이 그를 험하게 만드는 것이 아니라, 험한 자신이 스스로를 험하게 만드는 것입니다.

지옥이 따로 있겠습니까. 각박하고 모질고 메말라지고 험해지는 마음 자리, 그곳이 바로 지옥이 아니겠습니까.

세상이 날로 험해지는 것은 모든 타자를 '남'으로 여기는 지옥의 마음자리를 가진 사람 때문입니다. 그런 사람은 '부서지면서도 도끼날을 향기롭게 하는 전단향나무'와 같은 무심無心한 사랑을 알지 못할 것입니다.

마음이 맑은 사람은
아무리 더러운 세상에서라도

그 마음 흐려지지 않는다.

더러운 세상을 만드는 것은 더러운 사람 때문입니다. 더러운 세상 따로 있고, 더러운 사람 따로 있지 않습니다. 깨끗한 세상 따로 있고, 깨끗한 사람 따로 있지 않습니다.

샘물이 더러워지는 것은 샘 때문이 아닙니다. 깨끗한 샘이 내는 샘물을, 더럽게 사용하는 더러운 사람 때문입니다. 그러므로 세상이 더럽기 때문에 맑게 살 수 없다는 것은 핑계에 불과합니다.

사람의 마음이 흐려지는 것은 흐린 세상 때문이 아니라 그 사람의 마음이 흐리기 때문입니다. 사람의 마음이 각박해지는 것은 각박한 세상 때문만이 아니라 그 사람의 마음이 각박하기 때문입니다.

못된 사람의 모진 마음
오직
내가 너그러워야 받아들일 수 있다네.
비뚤어진 쟁기의 모습
오직
대지만이 견딜 수 있듯이.

－〈오직〉

'뱀들이 온몸을 친친 휘감아도 가슴에 독을 품지 않는 전단향나무처럼', 너의 모진 마음을 받아들일 수 있는 것은 나의 너그러움뿐입니다.

어머니를 생각해 보십시오. 여자는 누구를 품어 안기 어렵지만, 어머니(母性)는 못된 자식일지라도 그 있는 모습 그대로 품어 안습니다. 여자는 자식을 낳는 산고産苦를 알지 못하지만, 어머니는 자식을 낳는 산고를 알기 때문일 것입니다.

어머니의 너그러움 성품은 '비뚤어진 쟁기'를 받아들이는 대지의 성품을 닮았습니다. 쟁기처럼 뾰족한 날로 생채기를 내어도 그 아픈 생채기 난 팔을 뻗어 그 뾰족한 날의 자식을 끌어안는 것이 어머니의 마음입니다.

'암탉이 병아리를 품듯이 내가 너희를 품어 안으려 한 적이 몇 번이더냐?' 고 울부짖던 예수에게서도, 그 너그러운 대지의 모성을 읽을 수 있습니다.

무심한 사랑의 전단향나무, 너그러운 대지의 모성을 닮은 그린 사람은 저절로 빛이 나고 향기가 풍기는 법입니다. 무슨 군더더기 말이 더 필요하겠습니까. 시 한 수 더 읽고 묵상에 잠겨 봅시다!

박식한 사람의 귀는
보석 없이도 빛나고
베푸는 이의 손은
팔찌 없이도 빛나는 법.
그대에게서 풍기는 향기는

몸에 바른 전단향 때문이 아니라네.
그대에게는 그대 아닌 사람을
바라볼 줄 아는 눈이 있기 때문이라네.

-〈향기 맑은 사람〉

## 꽃들의 죽음에 대한 명상

어머니의 자궁 안에서 자라는 이란성二卵性 쌍둥이가 이런 얘기를 속삭였습니다.

여동생이 먼저 오빠에게 말했습니다.

"난 말이지, 태어난 후에도 삶이 있다고 믿어."

오빠는 격렬하게 반대했습니다.

"절대 그렇지 않아. 여기가 전부라니까. 우리는 우리를 먹여 주고 살려 주는 탯줄만 잘 붙들고 있으면 딴 일을 할 필요가 없다구."

여동생도 굽히지 않았습니다.

"이 캄캄한 곳보다 더 좋은 곳이 있을 거야. 마음껏 움직일 수 있고, 환한 빛이 비치는 그런 곳 말이야. 그리고 난 또 엄마가 있다고 생각해."

쌍둥이 오빠가 화를 내며 말했습니다.

"무슨 뚱딴지 같은 소리야? 난 엄마를 한 번도 본 적이 없어. 내가 말했잖아, 여기가 전부야. 딴 생각 말고 여기에 만족하라구."

여동생도 지지 않고 대꾸했습니다.
"아니야. 난 그렇게 생각하지 않아. 분명히 이 캄캄한 곳보다 아름다운 곳, 엄마 얼굴을 볼 수 있는 곳이 있을 거야."
바보 같은 동생의 말에 질려 버린 오빠는 입을 다물고 말았습니다. 무시해 버리는 것이 최선의 길처럼 여겨졌기 때문입니다.

헨리 뉴엔의 〈죽음, 가장 큰 선물〉이란 책에 나오는 얘기입니다. 아마도 누군가 지어 낸 이 얘기에는, 지구별에 살아가는 우리의 삶이 전부가 아닐 수도 있다는 전제가 깔려 있습니다.
또한 이 얘기는 '죽음'을 대하는 우리의 두 가지 태도를 비유해 보여 주고 있습니다. 여동생처럼 자궁 속 같은 캄캄한 죽음 너머에 새 삶이 있을 것이라고 여기는 태도와, 쌍둥이 오빠처럼 그런 생각은 터무니없는 것이라고 무시해 버리는 태도 말입니다.
아무튼 나는 이 이야기를 읽고 나서 지금의 삶 너머의 삶에 대해 미리 절망을 치고 살지 말아야겠다는 것, 그리고 입증할 수는 없지만 죽음 너머의 신비로운 미지의 세계에 나 자신을 활짝 열어 놓고 살아야겠다는 생각을 했습니다.
죽음 너머의 미지의 세계라니? 이 땅별의 삶만이 전부라고 여기는 이는, 내가 한 말에 의문을 던질 것입니다. 삶 너머의 삶, 그리고 미지의 세계에 가슴을 열고 살아야겠다고 내가 말하는 까닭은, 우리에게 닥칠 죽음을 좀 더 진지하게 대하자는 것입니다.

우리는 대체로 지금의 삶이 영원할 것처럼 착각하며 삽니다. 이런 착각 속에 사는 이들은 자기의 덧없는 욕망을 불확실한 미래로 투사하여 오로지 준비하고, 준비하고, 준비하는 데만 자기의 삶을 소모합니다. 그렇게 준비만 하느라 확실하게 다가오는 죽음은 전혀 준비하지 못하고 말입니다. 이런 태도는 죽음으로부터의 도피일 뿐이며, 그 도피의 결과는 지금의 삶을 황폐하게 만들고 맙니다.

현대인들이 물질의 풍요를 영위하면서도 영혼이 황무지와도 같이 메말라 가는 것은, 죽음을 두려워하여 그것으로부터 도망치기에만 급급하기 때문입니다. 하지만 이런 삶의 태도는 드높은 빌딩을 세우는 쾌감에 팔려 그것을 모래 위에 짓는 것과도 같습니다. 사람들이 젊음과 섹스와 권력에만 탐닉하고, 늙음과 쇠약함을 멀리하는 것은, 죽음을 회피하고자 하는 생각에 사로잡혀 있기 때문입니다.

언젠가 가톨릭 교회에서 운영하는 실버타운을 방문한 적이 있었습니다. 그때 만난 그곳의 관리 신부님은, 백발이 성성한 노인들이 서로 친목 모임의 대표가 되겠다고 심하게 다투더라는 얘기를 들려주었습니다. 그 덧없고 하찮은 명예를 차지하기 위해 죽음을 앞둔 노인들이 심하게 다투더라는 얘기를 듣고, 그것 역시 죽음을 회피하고자 하는 태도가 아닐까, 생각했습니다.

그리고 장자莊子가 한 말이 문득 떠올랐습니다.

사람의 탄생은 슬픔의 탄생이다. 우리가 오래 살면 살수록, 어리석음도

증대된다. 결코 회피할 수 없는 죽음으로부터 벗어나려는 갈망이 점점 예민해지기 때문이다. 얼마나 고통스러운가! 우리는 자신의 손이 닿지 않는 것을 위해 살지 않는가. 미래에도 계속 살고자 하는 열망 때문에 우리는 현재의 삶을 제대로 살 수 없게 된다.

 죽음을 눈앞에 두고 살자는 말은 '현재의 삶'을 제대로 살기 위해서입니다. 어쩌다 새로 개발되는 도시를 둘러보면, 오로지 먹고 마시고 노래하고 춤추는, 삶의 쾌락만 부추기는 감각적 상혼商魂이 판을 치는 것을 봅니다. 또한 우리 주위를 둘러보면 이 땅별의 마지막 세대라도 되는 양 단 하나뿐인 땅별의 온갖 생명 시스템을 먹어 치우고 독살하고 파괴하는 행위를 아무렇지도 않게 저지르고 있습니다.
 장자 같은 성인이 말하는 '현재의 삶'은 찰나의 쾌락을 즐기자는 것으로 오해하거나, 미래의 생명체와 무관한 듯이 그렇게 무책임하게 살라는 것이 아닙니다. 그런 삶은 우리의 후손들이 도저히 감당할 수 없는 차용증서에 서명하는 것이나 다름이 없기 때문입니다.
 얼마 전 어느 유치원의 선생님에게 들은 얘기입니다. 며칠 동안 유치원을 결석한 아이가 나왔길래 그 동안 무슨 일이 있었느냐고 물었더니, '할머니를 땅에 심고 왔어요!' 하고 대답하더랍니다. 비록 어린아이가 불쑥 뱉어 낸 말이긴 하지만, 퍽 의미심장한 느낌을 불러일으키지 않습니까. 천진무구한 아이는 땅에 묻히는 할머니를 다시 소생할 '씨앗' 처럼 여긴 것이지요. 우리 어른들도 죽음을, 새로운 삶을 위해 씨앗을 뿌리는 행위로 생각할 수는 없는 것일까요.

 죽음을 앞에 두고 '너희가 있을 곳을 예비하러 간다' 던 예수의 말이 아니더라도, 개체의 상실로서의 우리 몸의 죽음이, 결코 끝이 아니라는 것을 자각해야 합니다. 죽음은 불가피한 변화입니다. 어느 성인군자도 이 불가피한 변화에서 자유로울 수 없습니다. 자유로울 수 없다는 것은 그 변화를 통째로 받아들였다는 뜻이며, 그것으로 그들은 자유를 얻었습니다.

 홀연 이런 자각이 일어나면, 헨리 뉴엔의 말처럼 죽음은 우리에게 '큰 선물'이 될 수도 있습니다. 봄의 정원에 핀 화사한 꽃들이 채 열흘을 넘기지 못하고 떨어지지만, 꽃의 죽음은 꽃나무에게 열매라는 큰 선물을 안겨 줍니다.

 봄날이 눈물겹도록 아름다운 건 뚝뚝 지는 꽃잎들 때문이 아닐런지요.

# 아름다운 하심下心

"달 보러 가요!"

태풍 매미가 한반도를 강타한 뒤 며칠이 지나서였습니다. 저녁을 먹고 난 아내는 느닷없이 달을 보러 가자고 졸랐습니다. 그러고 보니, 지루한 장마가 계속되어 달을 본 지도 꽤 오래되었습니다.

나는 오랜만에 아내와 함께 토지문학공원 뒤의 나지막한 동산으로 올라갔습니다. 밤 아홉 시가 넘은 시각인데, 치악산 위로 막 떠오른 달은 조금 이지러져 있었습니다. 보름달은 아니지만, 우리는 동산 중앙에 놓인 너럭바위에 앉아서 달 구경을 했습니다. 달 옆에는 몇 백 년 만에 지구 가까이 왔다는 화성도 볼 수 있었습니다. 화성은 다른 별들보다 크고 붉은 빛을 밝히고 있었습니다.

달을 보며 이러저런 얘기를 하다가 아내는 문득 동해 바닷가에서 보던 달 얘기를 했습니다. 강릉에서 둥지를 틀고 살 때 우리는 달이 뜨면 자주 바다로 나가 달과 팔짱을 끼고 노닐곤 했습니다.

"여보, 나는 어느 핸가 정월 보름날 동해안 사천해수욕장 부근에서 본 달이 잊혀지지 않아요."

"당신도 그래? 보름달이 떴던 그날의 밤 풍경을 어찌 잊을 수 있겠어!"

그때의 풍경이 잊을 수 없는 그림처럼 뇌리에 또렷이 남아 있는 것은 단지 보름달 때문만은 아니었습니다. 은모래 깔린 드넓은 사천해변, 바다 위로 휘영청 떠오른 둥근 보름달도 잊을 수 없는 광경이긴 하지만, 그 보름달에 소원을 빌기 위해 나온 마을 아낙들이 저마다 촛불을 켜던 광경 때문입니다.

정말 장관이었습니다. 저마다 손에 켜든 촛불이 바람에 꺼지려 하자, 누가 시키지 않았는데도 마을 아낙들은 모래 구덩이를 손으로 파고 모래 구덩이 속에 촛불을 넣고는 소원을 빌며 보름달을 향해 절을 했습니다.

휘황한 은파銀波를 일으키며 떠오른 보름달, 수백의 모래 구덩이 속에서 빛을 뿜는 촛불들!

바로 이때, 언제 어디서 나타났는지 대보름달을 닮은 징을 들고 나타난 보살 할머니 한 분이 둥둥둥 징을 울려대자, 마을 아낙들은 다시 보살 할머니의 징소리에 맞춰 넙죽넙죽 보름달을 향해 절을 했습니다.

그때의 그 뭉클한 광경을 잊을 수 없어서 나는 뒤에 시를 통해 이렇게 노래했습니다.

새우처럼,
혹은 태아처럼

온몸을 웅크려 절을 하는 아낙들이
출렁이는 은파銀波 속으로
몇 번씩 가라앉았다 떠오르곤 했다.

더 이상
낮아질래야 낮아질 수 없는
인간들의 하심下心

달은 우쭐거리며 점점 더 높이 떠오르고 있었다.

-졸시 〈아름다운 下心〉 부분

나는 그때 처음으로 사람이 이렇게 이쁠 수도 있구나, 하고 생각했습니다. 보름달 앞에 절을 하며 아름다운 하심下心을 드러내는 사람들, 이이상 어떻게 더 인간이 이쁠 수 있겠습니까. 인간이 늘 이런 마음가짐으로 산다면, 도덕이니 윤리니 계율이니 하는 것도 필요치 않겠구나 하는 생각도 했습니다.
  하심下心!
  그렇습니다. 인간이 '하심'을 지니고 산다는 것은 쉬운 일이 아닙니다. '하심'이란 문자 그대로 자기를 한없이 낮추고 또 낮추는 마음입니다. 자기를 낮추는 것은 상대에 대한 공경과 자비심이 선행되지 않고서는 가능하지 않습니다.

오늘날 인간의 정신적 영적 삶이 점차 황무지처럼 변하고 있는 것은 '하심'이 사라지고 있기 때문입니다. 인류의 미래를 벼랑으로 몰아가는 생태환경 문제도 따지고 보면 만물에 대한 '하심'을 잃어버렸기 때문입니다.

옛 사람들은 산이면 산, 바다면 바다, 그것들을 오늘의 우리처럼 그것It으로 대하지 않았습니다. 나와 동떨어져 있는 어떤 객체로 대하지 않았다는 말입니다. 산이나 바다에는 정령이 살아 숨쉬고 있다고 여겼습니다. 그래서 때때로 산이나 바다를 향해, 조상에게 예를 갖추듯 예를 갖춰 제祭을 올렸습니다. 한 마디로 옛 사람들은 산이나 바다, 나무나 바위, 심지어는 보잘것없는 짐승들과의 관계에 있어서도, 서로를 살아 있는 신성한 존재로 존중할 뿐만 아니라 생명의 교감을 나누었습니다. 하심이라 하든, 혹은 공경심이라 하든, 그 표현이야 어떻든지 만물을 이루는 존재들 사이에는 자비심의 강이 출렁출렁 흐르고 있었다는 말입니다.

방금 '흐른다'고 말했는데, 그렇습니다, 서로 자비심을 '흐르게' 하는 일이 중요합니다. 우리가 풀 한 포기나 벌레 한 마리를 귀히 여기는 일, 혹은 마음의 평화를 얻기 위해 고요히 명상에 잠기는 일, 결국 그런 일들은 우리가 서로 흐르기 위해서입니다. 나는 너에게, 너는 나에게 자비의 강이 출렁출렁 흐르게 하기 위해서입니다. 너와 나의 흐름이 단절되면 그것은 곧 죽음입니다. 나를 살리기 위해 너에게로 흐르지 않겠다는 것, 그것은 상대를 죽이는 일이면서 동시에 나를 죽이는 일입니다. 그러므로 내 안에 일어나는 어떤 탐욕 때문에 만물과 나 사이를 단절하는 것은, 이런 표현이 어떨지는 모르지만, 결국 그것은 자해하는 행위에 다름 아닙니다.

인간이 '하심'을 회복해야 한다고 말하는 것은, 만물과 나 사이의 단절에 다시 다리를 놓아 인간이 스스로를 해치는 행위를 미연에 방지하자는 것입니다. 더 나아가 자비의 강이 서로간에 흐르도록 하자는 것입니다.

얼마 전에 티베트 인이 쓴 명상에 관한 책을 읽다가 새로운 명상법을 안내받았습니다. 그것은 '통렌Tong-len'이라 부르는 명상법입니다. '통렌'이란 '들여마시기와 내보내기'를 뜻하는 말이라고 합니다.

우리는 지금까지 명상을 하면서 호흡을 할 때 일반적으로 이렇게 해왔습니다. 들숨을 쉴 때는 맑은 기운을 들이마시고, 날숨을 쉴 때는 내 안의 탁한 기운을 내보냈습니다. 그런데 '통렌' 명상은 그와 정반대입니다. 들숨을 쉴 때는 세상의 나쁜 기운을 내가 들이마시고, 날숨을 쉴 때는 내 안의 좋은 기운을 세상을 향해 내보내는 것입니다.

"통렌은 나와 남의 고통과 통증을 기꺼이 받아들이고 모든 이에게 행복을 내보냄을 뜻한다. 내가 원하지 않는 것, 고통스러운 것을 들이마심에 있어서 나와 남이 다 함께 고통으로부터 자유로워지기를 진실로 기원하는 마음을 갖는 것이다. 그렇게 하는 과정에서 고통에 수반되는 변명을 다 놓아 버리고 고통의 근저에 놓인 에너지를 그저 느끼는 것이다. 마음을 완전히 열어 무엇이 일어나든 맞이하는 것이다. 그리고는 숨을 내쉬면서 나와 남이 고통에서 벗어나서 함께 행복해지기를 기원한다." (페마 최된, 〈실험처럼 살아라〉에서)

이 티베트 인의 새로운 명상법에 대해 의문을 갖는 분도 있을 것입니다. 그러면 지금까지의 명상을 하면서 행하던 호흡법이 잘못된 것이 아닌가 하고 말입니다. 나는 꼭 그렇다고 생각지는 않습니다. 하지만 이런 점만은 분명히 해 두고 싶습니다. 좋은 기운을 들이마시고 나쁜 기운을 내뿜는 호흡법은 어딘지 모르게 '자기 중심적'인 데가 있는 것이 아닌가 싶습니다. 명상에 몰입하는 이들 가운데, 어디 깊은 산의 암자에 숨어 든 은둔자도 아니면서, 다른 이의 삶에 너무 무관심하거나 자기중심적이 되는 경우를 너무 많이 보아 왔기 때문입니다. 그런 명상을 '내향적 명상'이라 부를 수 있겠지요. 이런 내향적 명상은 자칫하면 둔세적遁世的이 되어 버립니다. 세상과 아주 단절된 그런 둔세적 삶에 과연 만물과 소통하는 자비의 강이 흐를 수 있겠습니까.

따라서 나는 이 '통렌' 호흡법이야말로 한쪽으로만 편향된 '내향적 명상'을 균형 잡아 주는 좋은 방편이 될 수도 있겠다는 생각을 하고 있습니다. 이 통렌 호흡법을 나는 그래서 '외향적 명상'이라고 부릅니다. 외향적 명상은 이웃을 배제하지 않습니다. 아니, 이웃에 대한 적극적 돌봄이 있습니다. 그리고 나와 만물과의 사이에 자비의 강이 흐르게 합니다. 이웃의 고통, 만물의 나쁜 기운을 내가 들이마시고, 내 안에 신이 주신 좋은 기운을 이웃과 만물에 내보내는 이 명상법이야말로, 메마르고 냉랭한 세상을 훈훈하고 촉촉하게 적셔 주는 일이 아니겠습니까.

대자大慈의 풍요한 땅에서

대비大悲의 꽃을 피우라.
그 꽃을
서늘하고 신선한 환희심의 그늘에 두고
평등심의 좋은 물을 주어 기르라.

같은 책에서 인용된 티베트의 영적 스승 롱첸파의 가르침입니다. 이런 대자대비大慈大悲의 마음은 우리가 자신을 만물의 밑바닥까지 낮출 수 있을 때, 즉 하심을 가질 수 있을 때 가능한 일입니다.

보름달을 보며 절을 하던 아낙들, 그들 모두가 이런 하심을 지니고 있다고는 생각지 않았습니다. 하지만 나는 휘영청 밝은 보름달 아래서 절을 하던 아낙들이 정말로 끌어안아 주고 싶도록 이쁘게 보이던 뭉클한 감동은 지금도 여전합니다.

나는 그때 이후로 보름달을 보면 공손히 두 손을 모읍니다. 예수나 붓다 같은 분이 이룬 대자대비의 깊은 종지宗旨는 여전히 내 삶으로 온전히 받들지 못하고 있으나, 그것은 어두운 밤을 휘영청 밝히는 보름달처럼 내 삶의 여로를 인도하는 환한 길잡이이기 때문입니다.

## 큰 바보의 길

옛날 어느 왕국에, 정신상태가 이상해진 왕자가 있었습니다.

그는 자신을 수탉이라고 생각하고 수탉처럼 행동했습니다. 닭처럼 날개를 벌리고 꼬꼬댁 소리를 치기도 하고, 밥을 주면 숟가락으로 떠먹지 않고 입으로 쪼아 먹었습니다. 그러더니 그는 기어코 식탁 밑으로 기어 들어가 거기가 자기 집인 양 살았습니다. 걱정이 된 왕은 온 나라에 방을 붙여, 명의를 불러 왕자를 치료하려고 노력했습니다. 그러나 소용이 없었습니다. 불려온 의사마다 왕자에게 말도 붙이지 못하고 물러갔습니다. 왕자는 점점 더 이상해지고 왕은 속만 끓였습니다.

하루는 한 허름한 현자가 찾아왔습니다. 자신이 한번 치료해 보겠다는 것이었습니다. 왕은 지푸라기라도 잡는 심정으로 허락했습니다.

이 현자는 다짜고짜 왕자가 웅크리고 있는 식탁 밑으로 기어 들어갔습니다. 그리고는 자신도 닭인 양 왕자와 똑같은 모습으로 살기 시작했습니다. 밥이 나오면 입으로 쪼아 먹고, 가끔은 양팔을 벌려 닭처럼 홰를

치기도 했습니다. 이런 현자를 왕자가 멀뚱멀뚱 쳐다보더니 서서히 친구처럼 함께 지내게 되었습니다.

어느 날 식탁 밑으로 밥이 들어왔을 때, 현자는 입 대신 손으로 밥을 퍼먹었습니다.

"닭이 입으로 밥을 쪼아 먹지, 손으로 퍼먹는단 말이오?"

왕자는 놀라서 물었습니다.

"손으로 먹을 수도 있답니다. 한번 해 보세요."

왕자는 현자를 따라서 해 보았습니다. 편리했습니다.

오랜 날을 함께 지내며 현자는 차츰 왕자를 사람처럼 사는 방식으로 인도하였습니다. 마침내 왕자는 식탁 밑에서 기어 나와 의자에 앉아 밥까지 먹게 되었습니다. 왕자는 결국 자신이 수탉이 아니라 사람이라는 것을 알게 되었습니다. 그리고 사람처럼 살게 되었습니다. 왕자를 치료한 현자는 자기가 살던 고장으로 기쁘게 돌아갔습니다.

지금 나는 이 이야기의 출처를 정확히 기억하지는 못합니다. 다만 어느 심리치료사의 글에서 읽었던 기억만은 또렷합니다. 병든 왕자를 기이한 방식으로 치료한 이 이야기는 참으로 의미심장합니다. 왕자를 치료한 현자賢者, 그래요, 그는 현자임이 분명하지만 세속적 기준에서 보면 '바보' 입니다. 멀쩡한 사람이 정신이상자와 똑같은 행동을 했으니 말입니다. 그는 분명히 '자아'를 고무지우개로 쓱쓱 문질러 지워 버린 것처럼 보입니다. 어떻게 하든지 '자아'를 내세우고 자기 공적을 곧추세우려는 세상에서 이처럼 '주체'를 포기한다는 것은 참으로 쉬운 일이 아닙니다. 하지만 성인 혹은 현자들은 '자아'를 지워 주체를 포기하는 일을 밥 먹듯합니다. 우리가 다 아는 기독교의 바울로 같은 성인도 그렇게 했습니다. 먼저 그의 위대한 고백을 한번 들어 볼까요.

"나는 어느 누구에게도 얽매이지 않는 자유로운 몸이지만, 많은 사람을 얻으려고, 스스로 모든 사람의 종이 되었습니다. 유대 사람들에게는, 내가 유대 사람을 얻으려고 유대 사람과 같이 되었습니다. 율법 아래 있는 사람에게는, 내가 율법 아래 있지 않으면서도, 율법 아래 있는 사람을 얻으려고 율법 아래 있는 사람과 같이 되었습니다. 율법이 없는 사람에게는, 내가 하나님의 율법 없는 사람이 아니라, 그리스도의 율법 안에서 사는 사람이지만, 율법 없이 사는 사람을 얻으려고 율법 없는 사람과 같이 되었습니다. 믿음이 약한 사람에게는, 내가 약한 사람을 얻으려고, 약한 사람이 되었습니다."

다시 말하면 성인 바울로는 그 누구에게도 얽매이지 않는 자유로운 사람이지만, 스스로 모든 사람에게 얽매이는 종이 되었다는 것입니다. 그는 사람들에게 그 무엇에도 얽매이지 않는 자유인이 되라고 하면서 스스로는 모든 사람에게 얽매이는, 자유인의 길을 스스로 포기하고 있는 것이지요. 바울로의 이런 태도를 두고, 깊이 생각하지 않는 사람은 줏대 없는 사람이라고 폄하할 수 있을 것입니다. 그러나 그는 사람들의 폄하나 비난을 감수하고 스스로 사람들에게 얽매이는 부자유의 길을 택하고 있습니다. 이것은 그가 자유의 홀가분함을 몰라서가 아니라 사람들의 영혼을 참으로 사랑하기 때문이었지요. 또한 사람들의 영혼을 영원한 생명으로 이끌기 위함이었습니다.

바울로는 의식적으로 그렇게 했습니다. 아마도 이것이 바보와 성인의 차이일 것입니다. 사실상 이런 경지는 함부로 넘볼 수 없습니다. 스스로 자유의 길을 포기하는 것, 스스로 줏대 없는 사람처럼 되는 것, 이것은 참으로 자유한 사람만이 할 수 있습니다.

21세기에 접어들면서 종교인이건 종교인이 아니건 '영성靈性'에 대한 이야기를 많이들 합니다. 하지만 나는 영성을 말할 수 있는 사람은 '자기' 나 '자기 소유' 를 스스로 포기해 본 사람만이 그럴 자격이 있다고 여깁니다.

현대 영성의 대가로 알려진 한 가톨릭 신부가 그의 인생 말년에 했다는 고백은 영적 삶의 깊이가 무엇인가를 잘 드러내 줍니다.

헨리 뉴엔 신부는 어려서부터 신동으로 불렸습니다. 그는 하버드 대학을 나오고, 그가 쓴 20여 권이 넘는 저서는 모두 베스트셀러가 되었으며, 많은 사람들로부터 추앙을 받았습니다. 그런데 그는 어느 날 많은 보수와 명예를 보장하는 하버드 대학의 교수직을 사임하고 정신지체아 보호 시설의 직원으로 취업을 했습니다. 그가 거기서 하는 일은 정신지체아들의 대소변을 받아 내고 목욕을 시키는 일이었습니다. 가끔씩 매스컴에서 기자들이 찾아와 헨리 뉴엔에게 물었습니다.

"대학자가 왜 제자들을 가르치지 않고 엉뚱한 짓을 하고 있습니까?"

그때 헨리 뉴엔은 웃으며 대답했습니다.

"나는 그 동안 '성공'과 '인기'라는 이름의 꼭대기를 향해 오르막길만 달려 왔지요. 그런데 한 장애인을 만나 내리막길을 통해 하느님을 만날 수 있다는 사실을 깨달았답니다. 오르막길에서는 '나'만 보일 뿐이었죠."

영성의 대가다운 고백이 아닙니까. 오르막길에서는 '나'만 보이더라는 것. 그러나 내리막길에서 비로소 '하느님'을 만날 수 있더라는 것. 다시 말하면 그는 내리막길을 걸으면서 그렇게 '합일'에 이르고자 몸부림쳤던 존재의 궁극과 하나가 되는 경험을 했던 것입니다.

보통 종교인들은 성공과 인기, 축복과 건강만을 신앙을 통해 받을 보상이라고 여깁니다. 그러나 뉴엔 신부는 그의 인생의 말년에 그것이 종교인의 길이 아니라는 것을 깨달은 것이지요.

그렇습니다. 우리가 오르막길을 향해서만 내달릴 때는 '나'만 보입니다. 오르막길에서는 타자의 얼굴이 보일 리 없지요. 오르막길을 향해 내달리면서도 습관처럼 '사랑'을 되뇌일 수는 있겠지요. 그러나 오르막길에서의 사랑은 '자기애自己愛'일 뿐입니다. 그걸 '나르시시즘'이라 하던가요.

나르시시즘은 그리스 신화 속에 나오는 젊고 아름다운 청년 나르시스의 이야기에서 비롯된 것입니다. 자, 이야기가 나온 김에 신화 속에 나오는 나르시스 얘기를 좀 더 자세히 해 볼까요.

나르시스는 강의 신 케피소스와 요정 레이리오페 사이에서 태어난 아들입니다. 그는 태어날 때부터 미모가 뛰어나 많은 사람들의 사랑을 받

있습니다. '나르시스'란 이름은 '마취시키는 자'라는 뜻이 담겨 있습니다. 어느 날 그의 어머니가 눈먼 점성가에게 나르시스가 천수天壽를 누리겠느냐고 물었을 때, 점성가는 이렇게 대답했다고 합니다.

"그럴 것이오. 그러나 그가 자기를 알게 되지 않는다면!"

하지만 나르시스는 자기의 아름다움을 모르지 않았습니다. 수많은 소년 소녀들이 그를 연모했기 때문입니다. 그는 자신의 아름다움에 큰 자부심과 긍지를 가지고 있었기 때문에 누구도 자기를 건드리지 못하게 했습니다. 그리하여 많은 사람이 그를 사랑하였으나, 그는 그들의 사랑을 도리어 역겨워하고 멸시하였습니다. 어느 날 그를 사랑하였으나 멸시를 당한 어떤 사람이 하늘을 향해 이렇게 빌며 그를 저주하였습니다.

"그도 사랑하게 하소서. 그러나 결코 사랑을 얻지 못하게 하소서."

복수의 여신은 그의 기도를 들어주었습니다. 사냥을 하던 어느 날, 나르시스는 목이 말라 맑고 깨끗한 샘을 찾아갔습니다. 목마름을 가라앉히기 위해 물 위로 얼굴을 가져간 그는 물 속에 비친 영상에 반했습니다. 그 얼굴은 곧 자기 자신이었으나 그 아름다움에 반해 그는 물가를 떠나지 못하고 물에 비친 자기 자신을 불타는 사랑으로 연모하다가 결국 육신이 사위어 죽고 맙니다. 물의 요정들이 장례를 치르기 위해 그의 시신을 찾았을 때, 물가에는 황금빛 꽃봉오리의 수선화가 피어 있을 뿐이었습니다.

이 나르시스의 이야기는 오직 '자기애'에 빠져 다른 이를 사랑할 수도 없고 사랑을 받을 수도 없는 병적 인간상을 보여 줍니다. 나르시스는 '타자적 주체'를 알지 못하는 정신입니다. 그는 언제나 '홀로주체'로 존재할 뿐입니다.(김상봉의 〈나르시스의 꿈〉 참조)

홀로주체적 정신은 타자를 위해 결코 자기를 상실하려 하지 않습니다. '너'가 있어 '내'가 존재할 수 있다는 것을 결코 알지 못합니다. 나는 오직 너 속에서 나를 상실하고 너에게 나를 양도할 수 있을 때만 나를 보존할 수 있습니다. 너 없는 나, 너 속에서 결코 자기를 상실하지 않으려는 나, 그리하여 누구를 통해서도 나의 자기 동일성을 상실하지 않으려는 나는 결국 나 자신을 상실하는 데 이를 수밖에 없습니다. 이것은 타자를 알지 못하는 정신의 비극적 운명인 바, 나르시스의 죽음은 그것을 상징적으로 잘 보여 줍니다.

우리가 나와 다른 삶의 정황 속에서 살아온 타자를 도우려고 한다면, 먼저 타자의 입장 속으로 들어가야 합니다. 그러나 나르시스처럼 자기에 도취된 사람은 결코 타자의 입장 속으로 들어가지 못합니다. 왜냐하면 자기를 잃어버릴까 하는 두려움 때문입니다. 더욱이 자기의 아름다움에 취해 아무도 거들떠보지 않는 나르시스처럼 '긍지superbia'에 차 있는 사람은 때로 자기의 것을 내어 도움을 베풀어도 그것은 진정한 사랑이 아닙니다. 긍지란 내가 타자보다 '위에 있다'는 의식이기 때문에, 그런 긍지에 차서 타자를 사랑한다고 할 때, 그 사랑은 자기애이지 진정한 사랑은 아닌 것입니다.

앞서 말한, 헨리 뉴엔 신부는 오르막길을 걸어온 자신의 사랑이 나르시스의 그것처럼 '자기애'일 뿐임을 깨닫고 내리막길로 돌아선 것입니다. 오르막길을 향해 달릴 때 '나'만 보이더라는 고백이 그것을 뒷받침합니다. 그가 회심을 하고 새롭게 선택한 내리막길, 그건 바보의 길이지요. 대석학이 학문과 명예를 헌신짝처럼 내던지고 바보처럼 내리막길을 가는 것에 대해 세상 사람들이 의아해 한 것은 당연한 것처럼 보입니다. 하지만 그는 그처럼 '홀로주체'로 살아온 자기를 스스로 상실함으로써 타자를 껴안을 수 있는 사랑의 동심원을 만들 수 있었던 것입니다.

오늘 우리 사회를 보면, 나르시스적인 '홀로주체'의 정신만 도드라지는 듯이 보입니다. 한 마디로 큰 바보를 찾기 어렵습니다. '홀로주체'의 정신은 결국 나도 상실하고 너도 상실하는 정신인데 말입니다. 하지만 바울로 성인이나 예수, 혹은 붓다 같은 이들이 보여 준 큰 바보의 정신은 너뿐만 아니라 나도 살리는 정신입니다. 그런 정신의 샘에서 피어나는 향기는 쉬 사라지지 않습니다. 그 향기에 매혹된 이들의 자비와 연대와 헌신이, 그래도 오늘 우리의 삶을 아름답게 곧추세우는 기둥이 아닐린지요.

## 까치들의 조문弔問

영월은 나의 고향입니다. 내가 중고등학교를 다닐 적만 해도 오지로 여겨졌는데, 이제는 사람들의 발길이 잦은 관광지로 변했습니다. 동강댐 문제가 불거지면서 알려지기 시작한 영월이 이제는 생태계의 마지막 보고인 양 소개되면서, 사람들의 발길이 잦아진 셈입니다.

지난 5월쯤인가 나는 문학행사가 있어서 시인들과 함께 김삿갓 묘소가 있는 영월 옥동 쪽을 둘러보게 되었습니다. 비교적 초라한 김삿갓 묘소에서 행사를 마친 우리는 자유롭게 흩어져서 그 주변을 둘러보았습니다. 김삿갓 묘소가 있는 곳에서 맑은 물이 흐르는 계곡을 따라 내려오다 보니, '조선민화박물관'이 계곡 우측의 산비탈에 자리 잡고 있었습니다. 박물관이 이 깊은 골짜기에 있다는 사실이 흥미로워 길가에 차를 세워 놓고 가파른 산비탈을 걸어 올라 투박한 돌로 지어진 박물관을 관람했습니다.

조선민화에 푹 빠진 이가 사재를 털어 민화들을 모아서 세운 박물관이었는데, 조선시대 사람들의 생활상을 보여 주는 작품들이 상당히 많이 걸려 있었습니다. 전시된 민화를 둘러보다가 호랑이 그림 앞에서 나는 잠시 발걸음을 멈추었습니다. 작호도鵲虎圖, 즉 까치호랑이 그림 앞에서 말입니다.

호랑이의 모습이 호랑이 같지 않고 매우 우스꽝스러웠습니다. 몸에 두른 줄무늬며 큼직하고 사나운 발톱이며 긴 꼬리는 호랑이가 틀림없었습니다. 하지만 얼굴 모양은 호랑이가 아니라 고양이의 그것이었습니다. 약간 얼빠진 듯한 표정을 짓고 있는 호랑이 위로, 까치 한 쌍이 소나무 가지에 앉아 천연덕스럽게 저희끼리 뭐라고 뭐라고 얘기를 나누는 듯싶었습니다.

함께 동행했던 친구가 곁으로 다가왔습니다.

"뭘 그렇게 오래 뚫어지도록 봐?"

"이 작호도 좀 보라구. 이 얼굴에서 호랑이의 사나움과 용맹을 찾아 볼 수가 없구면. 몸은 호랑이인데 얼굴 표정은 고양이 같잖아?"

"정말 그렇네. 왜 이런 그림을 그렸을까?"

둘 다 민화에 문외한인지라 우리는 '작호도'에 대한 의문을 그대로 간직한 채 발길을 돌렸습니다. 집에 돌아온 나는 서가를 뒤졌습니다. 마침 한 미술사가의 책이 있어 민화도 부분을 들쳐 보았습니다. 미술사가는 '작호도'에 대해 이렇게 설명하고 있었습니다.

"까치는 서민들의 신분에 대한 불만을 카타르시스적으로 해소하기 위해서 배정되었다. 까치는 힘없는 서민을 대표하고 호랑이는 권력을 빙자하여 폭정을 자행하는 관리를 상징한다. 실제 당시 서민들 사이에는 까치호랑이의 설화가 유행하였는데, 그 내용은 지혜로운 까치가 힘센 호랑이를 골탕먹임으로써 신분의 차이에서 빚어지는 억울함과 푸대접을 항변한 것이다. 민화의 호랑이는 일반회화의 호랑이와는 전혀 다른 모습으로 변형되었다. 그리하여 더러는 그 사나운 맹호가 얼빠지고 우스꽝스러운 '바보 호랑이'로 바뀌게 된다."(정병모,〈미술은 아름다운 생명체다〉)

미술사가의 설명을 듣고 보니, 박물관에서 본 작호도가 금방 이해되었습니다. 그러니까 작호도의 주역은 호랑이가 아니라 까치인 셈입니다. 화폭에서 호랑이의 비중이 훨씬 더 크지만, 호랑이는 더 이상 두려움을 안겨 주는 맹호가 아닙니다. 호랑이를 아랑곳하지 않고 자기들 볼 일을 보고 있는 듯한 까치들의 모습이 그것을 더욱 분명히 해 줍니다. 사나운 본성을 상실한 호랑이는 이제 지혜로운 영물靈物인 까치를 당해 낼 수는 없는 것입니다.

강릉에서 살 때 까치에 얽힌 이런 얘기도 들은 적이 있습니다. 강릉 변두리에서 농사를 짓는 여자 교우가 있었는데, 주일날 예배를 마치고 공동식사 자리에서 그녀는 며칠 전 자기가 너무도 기막힌 일을 당했다며 까치 얘기를 들려주었습니다.

그녀는 이른 봄에 중병아리 몇 마리를 사다가 집안에 풀어놓고 키웠답니다. 닭들이 커서 알을 낳기 시작하자 처마 밑에 짚둥우리를 만들어 주었지요. 짚둥우리에 들어가 알을 낳은 닭이 꼬꼬댁거리면 얼른 달려가서 따스한 온기가 느껴지는 알을 꺼내는 쏠쏠한 재미에 농사일도 힘든 줄 모르고 하곤 했습니다.

　그런 어느 날, 표고버섯을 키우는 비닐하우스에 들어갔다가 나오는데, 처마 밑에 있는 짚둥우리에서 까치 한 마리가 알을 물고 나오는 것을 보게 되었습니다. 한두 번 그러고 말려니 했지만, 알을 낳는 족족 까치가 알을 물어가는 것이었습니다. 참고 또 참다가 화가 난 그녀는 닭이 알을 낳고 꼬꼬댁거리며 나오길래 나무 몽둥이 하나를 들고 비닐하우스 뒤에 숨어서 기다렸습니다. 잠시 후 까치 한 마리가 푸드득 날아와 둥우리로 들어갔습니다. 그녀는 얼른 둥우리 밑으로 가서 그 알 도둑이 나오기를 기다렸습니다. 알을 주둥이로 톡톡 쪼는 소리가 나더니 알 도둑이 한 귀퉁이가 깨진 알을 주둥이에 물고 둥우리 가장자리로 기어 나왔습니다. 그 순간 그녀는 몽둥이로 알 도둑을 사정없이 내리쳤습니다. 알 도둑은 즉시 머리가 으깨져 죽었습니다. 그녀는 죽은 알 도둑의 시신을 두엄더미에다 아무렇게나 던져 버렸습니다.

　그리고나서 해가 토끼꼬리만큼 서산마루에 걸려 너울거릴 때였습니다. 저녁식사 준비를 하려고 부엌에서 쌀을 씻어 안치고 그릇을 닦고 있는데, 바깥에서 무척 시끄러운 소리가 들렸습니다. 창문을 열고 바깥을 내다 본 그녀는 너무도 놀라 입이 딱 벌어질 지경이었습니다. 알 도둑을 죽여서 버린 두엄더미 위로 수백 마리의 까치 떼가 날아와 구슬프게 깍깍거리는 것이었습니다. 그녀는 너무 무서워서 날이 어두워질 때까지 집 바깥으로 나올 수가 없었습니다.

　이런 얘기 끝에 그녀는 이렇게 덧붙였습니다.

"목사님, 까치는 정말 영물인 것 같았어요. 사람들이 누가 죽으면 그 집으로 찾아가서 조문(弔問)을 하듯, 까치들도 꼭 조문을 온 것 같았다니까요!"

나는 교우의 표현이 무척 재미있고 그 다음 일이 궁금해서 물었습니다.

"그리고 나서 어떻게 됐어요?"

"그렇게 떼로 몰려와 울부짖는 것을 보고 제가 너무했나 싶어서 밤중에 죽은 알 도둑의 시신을 모셔다가 뒤뜰에 고이 묻어 주었지요. 그랬더니, 까치들은 더 이상 오지 않았어요."

"아무튼 까치 때문에 큰 곤욕을 치뤘군요. 그런데 그게 까치들의 조문이 아니라 까치들의 항변이나 시위가 아니었을까요? 이를테면, 그까짓 알 몇 개 훔쳐 먹었다고 우리 동료를 죽여야만 하느냐, 하고 말이에요."

교우는 내 얘기에 고개를 갸우뚱하더니, 끝내 자기 주장을 굽히지 않았습니다.

"누구든지 그날 까치들이 슬프게 울부짖는 소리를 들었으면, 그냥 단순한 시위나 항의가 아니라 조문이라 여겼을 거예요. 틀림없어요, 그건 조문이었어요!"

## 맞절

　내가 요즘 아끼는 물건 중에는 수탉촛대가 있습니다.
　수탉이 아니라서, 단지 수탉촛대이므로 꼬끼오! 하고 울어제치지는 않지만, 새벽마다 일어나 수탉벼슬에 꽂힌 초에 불을 밝혀 줍니다. 초에 불을 밝히면 타오르는 불꽃은 수탉 벼슬처럼 일어섭니다. 작은 불꽃이 점점 커지면 어둠은 사라지고 꼬끼오! 하고 우는 새벽닭 울음소리가 들려오는 듯합니다.
　수탉촛대는 지난 겨울 네팔 여행 중에 한 골동품 가게에서 샀습니다. 먼지 덮인 진열대에 놓인 그것을 보는 순간, 그 촛대는 먼지 속에서 나를 기다렸다는 생각이 들었습니다. 나는 그 촛대를 얼른 집어 들었습니다. 값이 꽤 나갔지만 나는 그것을 손에 넣었습니다. 지금도 보면 볼수록 잘 샀다는 생각이 듭니다.
　수탉촛대로 해서 우리 가족의 생활에 작은 변화가 일어났습니다. 온 식구가 늦잠을 떨치고 일찍 일어나게 되었습니다.

새벽 5시!

요즘 우리 식구들의 기상시간입니다. 자명종 소리에 잠이 깨면 먼저 촛불부터 켭니다. 수탉촛대 위에서 촛불이 깜빡거리며 커지면 꼬끼오! 하는 수탉 울음소리가 들리는 듯합니다. 어릴 적, 시골에 살며 수탉 울음소리에 깨어 나던 좋은 버릇을 복원한 셈입니다.

촛불을 켜고 나면, 우리 부부는 맞절을 합니다. 처음엔 쑥스러웠지만, 며칠 동안 하고 나니 이젠 익숙해졌습니다. 무슨 말이 필요치 않습니다. 그냥 맞절을 합니다. 처음에는 수를 세며 했지만 요즘은 온몸이 훈훈해질 때까지 합니다. 좀 많이 하는 날은 이마에 구슬땀이 송글송글 맺힙니다. 네팔에 머무는 동안 익혀 온 습관을 지속하는 셈입니다.

맞절이 끝나고 나면, 하루를 시작하는 인사를 서로에게 합니다.

"나마스떼!"

네팔 사람들에게 배운 인사말입니다. 눈 맑고 깊은 네팔 사람들이 거리나 숙소에서 만날 때마다 부드러운 미소를 지으며 자연스럽게 건네오던 '나마스떼!'란 인사말! 나는 그들의 부드러운 미소와 그 인사말에 담긴 뜻에 깊이 감동했기 때문입니다.

"내 안에 있는 신이 그대 안에 있는 신을 알아봅니다!"

이것이 '나마스떼!'란 인사말에 담긴 뜻이라지요. 아마도 세상에서 이런 깊은 뜻을 담은 인사말은 다시없을 거라는 생각이 듭니다.

모든 종교가 인간 속에 신성神性이 깃들여 있다는 말을 하지만, 이처럼 간단한 인사말에 그것을 함축하고 있다니, 얼마나 놀랍습니까. 어떤 종족이든 인사하는 관습 같은 것은 그 종족만큼이나 오래된 것일 텐데, 그렇다면 인간을 신처럼 떠받들어 공경하는 그들의 마음이 그런 인사말로 나타난 것이 아닐는지요. 이런 인사말이 언제부터 비롯되었는지 궁금하기 짝이 없지만, 지금으로서는 그 비롯됨을 알 길이 없습니다.

아무튼 '나마스테!' 란 인사말의 깊은 뜻을 알고 난 뒤, 나는 맞절을 해야겠다는 생각을 하게 된 것만은 틀림이 없습니다. 맞절을 하고 나면 나와 함께 맞절을 한 아내나 아이들이 새롭게 보입니다. 아내가 단지 아내가 아니라 하느님의 딸이고, 내 자식이 단지 내 자식이 아니라 하느님의 자식이라는 생각이 더욱 간절해집니다. 간절하다고 말하는 것은 그것이 너와 나를 하나로 묶는 끈이 되기 때문입니다. 묶이지만 서로를 구속하지는 않습니다. 이제 나는 나와 함께 맞절을 한 그들을, 내가 지닌 신성을 지닌 그들을 결코 함부로 할 수 없다는 생각에 이릅니다.

12세기 경 일본에 이큐―休 선사라는 이가 있었습니다. 선사는 탁발을 하는 중에 어느 마을을 지나가게 되었습니다. 더운 여름날이었는데, 한 여인이 흰 속살을 드러내놓고 냇가에서 목욕을 하고 있었습니다. 버드나무에 가려지긴 했어도 보일 것은 다 보였습니다. 마을 어귀를 돌던 이큐 선사도 이 목욕하는 여인을 보았습니다. 선사는 무슨 생각에서인지 잠시 발걸음을 멈추고 그 여인을 바라보았습니다. 그런 다음 삿갓을 벗어들고 합장을 한 채 그 여인을 향해 세 번 절을 하고 자리를 떠났습니다.

그 모습을 멀리서 보고 있던 마을 사람들이 이큐 선사를 붙잡고 물었습니다.

"스님, 당신은 존귀한 승녀의 신분으로 부처님이 아닌 목욕하는 여인을 향해 절을 하시니 이해할 수 없군요. 장난이라고 해도 지나치지 않습니까?"

이큐 선사는 사람들의 말을 듣고 빙그레 웃으며 대답했습니다.

"그것은 당신들이 잘 모르는 말입니다. 여성이란 불법佛法의 보고입니다. 여성은 세상의 모든 존귀한 것을 다 갖추고 있는 보물창고입니다. 존귀한 불법을 설해 주신 석가모니 부처님이나 달마 대사도 모두 여성으로부터 나왔습니다. 당신들도, 그리고 나도 여성에게서 태어난 것입니다. 하늘과 땅이 열린 이래 나무나 바위 뿌리에서 난 자는 한 사람도 없습니다. 성인도 현자도 모두 여성에게서 났습니다. 여성은 우리들의 고향입니다. 그래서 내가 절을 한 것입니다."

사람들은 이큐 선사의 말을 듣고 모두 한 마디씩 했습니다.

"오늘 참 좋은 이야기를 들었소."

"그렇지. 잘난 놈이고 못난 놈이고 모두 여자한테서 나왔지!"

"나도 오늘 여자한테 절을 해 볼까?"

이 이야기는 여성을 비하卑下하던 시절에, 어떤 인간도 '신성'을 지니지 않은 자가 없다는 깨우침을 담고 있다고 하겠습니다. 선사가 말한 '여성은 불법佛法의 보고'란 표현이 그렇습니다. 인간에 대한 이런 전제가 없고서는, 인간의 인간에 대한 학대와 폭력이 멈출 수 없고, 모든 종교가 되뇌이는 자비의 가르침도 허황된 교설에 불과할 뿐입니다.

  절!

  나를 바닥까지 낮추는 절, 그것은 내게 어떤 울타리에 나를 가두는 종교의식은 아닙니다. 나를 바닥까지 낮추는 절, 그것은 그냥 생활일 뿐입니다. 그것은 말로 형언하기 어렵지만, 나를 살아 있게 하는 궁극적인 그 무엇(하느님이라 해도 좋습니다)과의 만남입니다. 그리고 그 무엇과의 결합입니다. 나와 맞절하는 이가 아내이든 자식이든, 나는 그들을 있게 한 궁극적 근원에 대한 그리움을 느낍니다.

  맞절이 끝나고 경전 한 구절을 달게 받아먹고 나면 수탉벼슬처럼 불타오르는 촛불을 끕니다. 그리고 창을 열면, 붉은 태양이 내가 걸어가야 할 하루를 고맙게 비쳐 줍니다.

## 새 보러 가자

 꽃들이 만개하는 계절이건만 나는 도무지 하루하루가 신바람이 나지 않았습니다.
 긴 여행, 강연, 글쓰기…… 등 여러 분주한 일에 시달리다 보니 몸과 마음이 파김치처럼 늘어졌습니다. 그래도 쉴 틈을 내지 못하고 있었습니다.
 한 열흘쯤 되었을까요. 나는 아내와 함께 춘천 YWCA에 가서 강연을 마치고 피곤한 걸음으로 우리 집 골목길을 들어서고 있었습니다.
 "여보, 저 집은 꽃만으로도 부자네요!"
 아내가 문득 탄성을 질렀습니다. 꽃만으로도 부자라는 집을 쳐다보니, 어디 의지가지할 데라곤 없는 노부부가 외롭게 사는 집이었습니다. 바로 그 집 대문 옆에 자목련나무가 애기들 주먹만한 꽃망울을 펑펑 터뜨리고 있었지요.
 "어허, 정말 그렇구먼!"

시큰둥한 내 대꾸에 아내가 당장 퉁바리를 안겼습니다.
"어디 아퍼요? 명색이 시인이란 이가 겨우 그렇게밖에 대꾸를 못한단 말예요?"

딱히 할 말이 떠오르지 않아 나는 그냥 씩 웃고 말았습니다. 하지만 나는 아내 말대로 어디가 아프긴 아픈 모양이라고 생각했습니다. 꼭 집어 어디가 아픈 건 아니었지만 말입니다.

아무튼 나는 요즘 들어 만사에 의욕이 안 생기고 쉽게 지쳐 있습니다. 이게 탈진인 모양이구나! 나는 곁에 있는 가족들에게도 애틋한 마음이 싹트지 않았습니다. 모처럼 차를 마시는 시간이면 아내가 두런두런 얘기를 붙여오곤 했는데, 그때마다 가끔씩 말대꾸는 하지만, 아내가 하는 말에 온전히 귀 기울일 수 없었습니다.

꿈쟁이인 아내는 간밤에 꾼 꿈 얘기를 자주 하곤 했습니다. 친구 중에 인간의 꿈을 연구하는 정신분석가 친구가 있어서 꿈은 소중한 삶의 일부라는 것을 나도 알고 있었습니다. 아니, 꿈은 우리의 삶의 방향을 지시하는 신의 암호와도 같다는 것을 알고 있었습니다.

하지만 나는 아내가 들려주는 꿈 얘기를 남의 얘기처럼 그저 귓등으로 흘려듣곤 했습니다. 꿈에 산중의 호랑이를 만나 호랑이 등에 올라타고 어디를 갔다든지, 바다 위로 무슨 철판이 깔린 길을 조심조심 걸어갔다든지, 남편인 내가 왕이 되어 붉은 용포를 입고 있었다든지…… . 아내는 자기가 꾼 황당하고 이상한 꿈 얘기를 늘어놓았지만, 나는 아내가 하는 말에 주의를 집중할 수가 없었습니다. 서로 몸 붙여 살아가는 이의 삶에 세심한 주의를 기울일 수 없다는 것은 내 영혼이 병들어 있음을 의미함에 틀림없었지요.

며칠 전 이른 아침에 눈을 뜨자마자 나는 아내에게 말했습니다.

"새 보러 갑시다!"

내가 '새 보러 가자'는 말은 물이 있는 어딘가로 훌쩍 여행을 떠나자는 의미였습니다. 동해안에 터 잡고 살 때 왠지 사는 게 답답해지면 가끔씩 바다나 호수로 진짜 새를 보러 가곤 했었습니다.

"우와, 좋지요!"

평소 여행을 좋아하는 아내는 웬 떡이냐 싶은지 선뜻 따라 나섰습니다. 나는 좀 멀리, 낯선 곳으로 가고 싶었습니다. 어디로 방향을 잡을까 하다가, 시인들이 즐겨 찾는다는 우포늪이 생각났습니다. 우리는 자동차에 기름을 빵빵하게 채운 뒤 한산한 중앙고속도로를 타고 경상북도 창녕으로 내달렸습니다.

해질 무렵, 우리는 저녁놀이 발갛게 물드는 우포늪에 도착할 수 있었습니다. 우포늪 인근에 사는 후배 시인이 마중을 나와 친절히 안내해 주었습니다.

70만 평이나 되는 드넓은 우포늪!

우리는 늪가의 구불구불한 오솔길을 걸으며 연둣빛 잎이 피는 버드나무와 자운영, 그리고 고니와 기러기, 왜가리, 가창오리 떼를 만날 수 있었습니다. 물가에 선 나무들이 녹 빛깔의 물에 제 모습을 거꾸로 비추며 운치를 더해 주었지요.

잠시 후 조금씩 날이 저물자 물 위를 자맥질하거나 조용히 떠다니던 새들이 약속이나 한 듯 물 위로 날아오르더니 늪을 떠나 저무는 산을 향해 대열을 지어 날아들 갔습니다. 우리는 아직 꽃이 피지 않은 푸른 자운영 밭에 멍하니 앉아서 보랏빛 어스름에 잠기는 물을 오래도록 바라보았습니다.

그렇게 물을 바라보고 있는데, 시간이 정지된 것 같았습니다. 바빌로니아 인들은 창조를 끝낸 신이 안식을 취했다고 하는데, 그 안식일을 '신의 심장이 쉬는 날'이라고 표현하는 것을 어느 문헌에서 읽은 기억이 떠올랐습니다. 나무와 풀, 새와 사람 등 만상이 물의 고요 속으로 잠겨드는 모습을 바라보며 오늘도 창조를 위해 일한 신이 있다면 그 뜀뛰는 신의 심장도 쉬어야 할 시간이겠구나 하는 생각도 했습니다. 분주하게 사느라 힘겨워 했던 내 심장을 뛰게 하는 시계바늘도 잠시 멎어 있었습니다.

아니, 세속의 시간을 여읜 늪의 물은 제 슬하에 나를 들여앉히고 온전한 쉼을 선사해 주었습니다. 물 없는 사막 같은 세상에서 탈진한 나를, 물은 '네가 누구냐'고 묻지 않고 말없이 환대해 주었습니다.

탈진한 내가 돌아가야 할 존재의 원천은 그리 먼 곳에 있지 않았습니다. '스스로 그러함〔自然〕'이 있는 곳, 분주함의 시계바늘이 돌지 않는 곳, 나는 그곳에 나를 내려놓을 수 있었습니다.

물론 그런 곳이 어떤 특정한 공간을 의미하는 것은 아니라는 것을 나도 압니다. 스스로 그러한 자연처럼 내가 나를 내려놓을 수 있으면 그곳

이 바로 내가 돌아갈 곳인 것입니다. 그러나 우리는 때때로 이처럼 낯선 곳을 찾아서 '스스로 그러함' 속에 몸을 내맡기고 살아가는 생명체들을 가까이 할 필요는 있는 것입니다.

　나무나 풀, 고니나 왜가리 같은 생명들은 인간들처럼 스스로 보채지 않습니다. 스스로 그러함에 자기를 내맡기고 살 뿐입니다. 그러나 인간들은 어떻습니까. 중국의 왕필이란 이가 〈노자 역해〉에서 말한 것처럼 인간은 "온 힘을 다해서 무거운 것을 들기 때문에 더 이상 다른 것에 쓸모가 없게 되는 것〔窮力擧重 不能爲用〕"입니다. 탈진이란 온 힘을 다해 무거운 것을 든 것에 해당합니다. 그래서 인간이 탈진에 이르면 더 이상 쓸모 없는 사람이 되고 마는 것이지요. 탈진하면 가까이 있는 사람마저 사랑할 수 없게 됩니다. 여력餘力이 없기 때문입니다.

　사랑할 여력은 어디에서 생기는 것일까요. 왕필에 의하면 여력은 '허심虛心'에서 생깁니다. 허심이 생기면, 마음에 거리낌이 없어 스스로 그러함에 자기를 내맡길 수 있습니다.

　나는 저물녘의 우포늪을 보는 것이 성에 차지 않아 하루를 더 머물렀습니다. 그 늪의 한가로운 여백이 나를 놓아주지 않았기 때문이었습니다. 해질녘의 늪과 해뜰녘의 늪은 그 빛과 색과 향이 달랐습니다. 또한 늪은 어느 방향에 앉아서 보느냐에 따라 느낌이 달랐습니다. 여관에서 자고 아침밥을 먹는 둥 마는 둥 서둘러 늪가에 도착하자 해질녘에 떠났던 새들이 벌써 돌아와 있었습니다.

　우리는 버드나무 그늘에 앉아서 새들을 구경하느라 한나절을 다 보냈습니다. 고니나 왜가리 떼가 물을 헤이며 물고기를 잡아먹는 모습이며, 사람이 가까이 다가가면 물에서 떠올랐다가 좀더 먼 자리로 가서 물 위로 사뿐 착지하는 모습을 넋을 놓고 바라보았습니다.

아무 것도 하지 않고 그렇게 앉아만 있어도 그냥 좋았습니다. 아무 것도 하지 않고 새들의 '무위無爲의 춤'을 보며 허허로움에 잠겨들 수 있었습니다. 내 몸 속의 세포들도 새들처럼 '무위의 춤'을 추는 것만 같았습니다.

70만 평의 빈 시간, 70만 평의 고요!

새들이 들고 날며 저마다 들릴 만큼 지저귀었지만, 그것이 내 마음의 평정과 고요를 깨뜨리지는 않았습니다. 마음의 고요는 소리가 없는 것이 아니라 내가 죽는 것이라는 어느 수도자의 말이 실감으로 다가왔습니다. 그리고 내가 좋아하는 시 한 수도 잔잔한 물 위로 홀연히 떠올랐습니다.

새들의 노래가 목마른 내 갈망에
잠시 휴식을 안겨 준다.
나 또한 저들처럼 이토록 황홀한데
그런데, 말이 나오지를 않는구나.
오, 우주의 영혼이여
제발 나를 통해서 무슨 노래든지 불러다오.

―잘라루딘 루미 〈새들의 노래〉

## 광기가 없으면 자유를 누릴 수 없다

자기 안에서 막 터져 나오는 것이
자기 본성本性에서 나온 것이면
그것을 따라서 사는 게 마땅하다.
그것이 또한 우리에게
참된 행복을 가져다 줄 것이다.

모처럼 짬을 내어 치악산 뒤쪽 성남리 계곡으로 소풍을 갔습니다. 다정한 곁님이 내 팔짱을 바짝 당겨 끼었습니다. 치악산 등산로들은 모두 산불예방 차원에서 입산을 금지하고 있었습니다. 산의 정기를 호흡하고 싶어 안달이 난 우리는 입산금지 팻말을 못 본 척하고 편법을 쓰기로 했지요. 성남리 마을 뒤쪽으로 해서 치악산을 오르는 길을 미리 알아 두었던 것입니다.

우리는 외딴 민박집 옆으로 난 길을 끼고 산을 허위허위 오르기 시작했습니다. 포장된 길을 한참 오르니, 길이 토끼 길처럼 좁아지며 한적한 오솔길이 나타났습니다. 한 20여 분쯤 헐떡거리며 올랐을까요. 앞서 걷던 곁님이 칡넝쿨이 우거진 물가에 털썩 주저앉았습니다. 여기서 그냥 도시락이나 먹고 가자는 것이었지요.

"이건 등산이 아니라 소풍이군!"

좀 못마땅한 듯 곁님에게 이렇게 중얼거렸지만, 등산이면 어떻고 소풍이면 어떻습니까. 나도 오늘 따라 왠지 편법을 써서 산에 든 것이 찜찜하고, 몸의 기운도 여느 날 같지 않아서 못 이기는 척 주저앉았습니다.

우리는 떡갈나무 그늘에 자리를 잡고 앉아서 도시락을 까먹었습니다. 소찬이었으나 밥맛은 꿀맛이었지요. 밥맛을 더해 주는 건 골짜기의 싱그런 봄기운이었습니다. 앞으로는 맑은 시냇물이 지즐지즐 흐르고, 시냇물에 발목을 담그고 있는 버드나무에는 연둣빛 잎망울들이 수줍은 얼굴을 내밀고 있었습니다. 시내 건너편 가파른 비탈에는 산벚나무, 진달래, 개복숭아, 싸리나무 등이 고운 꽃망울을 펑펑펑펑 터뜨리고 있었습니다.

말없이 밥을 먹던 곁님이 맑은 눈웃음을 지으며 말을 건넸습니다.

"꼭 산불이 난 것 같군요."

"산불? 표현이 그럴 듯하네 그려. 저 터져 나오는 꽃불을 누가 막을 수 있겠소?"

그렇게 말하고 나니, 나는 문득 얼마 전 혈연보다 가깝게 지내는 아우가 운영하는 '자연농업' 홈페이지에서 읽은 아름다운 이야기가 생각났습니다.

"참, 당신 문중에도 꽤 괜찮은 사람이 있더라구!"
뜬금없이 그게 무슨 소리냐는 듯 곁님이 눈을 동그랗게 떴습니다.
"우리 안동 권씨 문중에요?"
곁님은 지리산하에 몸 붙여 살던 그 이야기의 주인공과 종씨였던 것입니다.

지리산 명당들과 당당히 어깨를 겨루는 곳이 남원 구룡九龍계곡입니다. 울창한 수림 사이로 비단결 같은 계류가 기암괴석을 굽이쳐 흐르는 심산유곡이지요. 구룡계곡은 '용호구곡' 또는 '구룡폭포'라고도 합니다. 옛날 음력 4월 8일이면 아홉 마리의 용이 하늘에서 내려와 아홉 군데 폭포에 한 마리씩 자리 잡고 노닐다가 다시 승천했다는 전설이 전해져 옵니다.

구룡계곡의 9곡 가운데 세2곡은 높이 5미터의 암벽에 이상만이란 이가 썼다는 '용호석문龍虎石門'이란 글이 음각돼 있고, 절벽 아래로 흰 바위로 둘러싸인 소沼가 있습니다. 지난날에는 '불영추'라 불렸는데, 지금은 그냥 '용소'로 부르고 있지요. 이 용소 위로 계곡을 건너는 아치형 다리가 놓여 있습니다. 다리에 올라가 보면, 옥룡추 넓은 암반과 계곡을 뒤덮고 있는 수림 등 자연의 빼어난 경관이 경탄을 금치 못하게 합니다. 하지만 이곳에는 자연경관보다 더 감탄할 것이 따로 있습니다.

용소로 가는 길 옆에는 납작 엎드려 있는 작은 돌비석 하나가 유독 사람들의 눈길을 끌어당깁니다.

'명창 권삼득權三得 추모비'

조선 8대 명창인 권삼득을 기리는 글을 새긴 야트막한 비석! 그마저 길가 풀섶에 가려져 있어 눈여겨보지 않으면 눈에 잘 띄지도 않습니다. 아무런 치장이나 장식도 없는 밋밋한 돌 하나! 그 돌비에는 이런 글귀가 새겨져 있습니다.

"권삼득은 노래공부를 하러 콩 세 말을 메고 이곳에 찾아와 판소리 한 바탕을 부르고 콩 한 알을 용소에 던져 넣고, 다시 소리 한 바탕을 하고 콩 한 알을…… 이렇게 콩 세 말을 용소에 다 던져 넣도록 노래공부를 하여 마침내 득음得音을 했다."

아, 콩 세 말은 콩이 몇 개일까요? 그러니까 도대체 노래 몇 바탕을 불렀다는 것일까요?

권삼득은 전북 익산의 양반 가문 출신인데, 양반 자제가 천덕꾸러기로 취급받던 광대가 되겠다니 안동 권씨 문중에선 난리가 났습니다. 결국 권삼득을 죽여서 가문의 수치를 막기로 했습니다. 덕석에 말아 죽이기 직전에 권삼득은 마지막으로 노래 한 마디만 부르게 해달라고 간청을 했습니다.

권삼득이 마지막으로 노래 한 마디를 불렀는데, 어찌나 애처롭고 처량하게 들리던지 그를 죽이는 대신 족보에서 이름을 지우고 문중에서 추방을 했습니다. 권삼득은 그로부터 콩 세 말을 메고 구룡계곡으로 들어갔습니다. 마침내 득음한 그가 독창적으로 만들어 낸 '덜렁제'는 그를 조선시대 8대 명창의 반열에 오르게 했습니다.

덕석말이로 죽인다 해도, 안에서 터져 나오는 노래는 그만 둘 수 없었던 소리꾼 권삼득!

나는 소리에 광적으로 사로잡힌 혼魂의 열망이, 막 물밀듯 터져 나오는 봄꽃들의 개화와 비슷하다는 생각이 들었던 것입니다. 미친 듯한 그런 혼의 열망은 아무도 말릴 수 없는 것이지요. 결국 그것이 소리꾼 권삼득에게 삶의 자유와 성취를 가져다준 것입니다.

내 얘기를 다 듣고 난 곁님이 뭔가 생각난 듯이 상기된 표정으로 말했습니다.

"우리 문중에 그런 대단한 어른이 있다니 놀랍네요. 하여간 그 얘기를 들으니, 니코스 카잔차키스 원작의 영화 《희랍인 조르바》에 나오는 자유혼 조르바의 말이 불쑥 떠오르는군요."

"뭐라고 그랬는데?"

"조르바가 그랬죠. 광기가 없는 사람은 자유를 누릴 수 없다고!"

# 진홍가슴울새

종교는 삶의 무거움을 가벼움으로 바꾸는 예술입니다.

하지만 이것은 종교의 이상일 뿐 현실은 그렇지 못합니다. 종교가 인간에게 무거운 멍에를 씌우는 경우도 허다하지요. 그 본질을 잃어버린, 죽은 나무둥치처럼 경직된 종교의 교리나 제도에 인간이 묶이면, 종교는 인간을 자유롭게 하기는거녕 인간을 억압하는 고통스런 멍에가 됩니다. 이때 종교는 니체의 말대로 인간을 부자유하게 하는 '노예도덕'으로 전락하고 말지요.

가톨릭 성지가 있는 경기도 안성 땅에 가면 내가 좋아하는 신부님이 있습니다. 평생을 노인들의 복지를 위해 헌신하는 신부님입니다. 이 신부님을 유달리 좋아하는 까닭은, 권위주의에 사로잡힌 다른 성직자들과는 달리, 삶의 파격과 자유를 즐기시는 분이기 때문입니다. 우선 몸에 걸치는 옷부터 파격적입니다. 미사를 집전할 때는 성의를 걸치지만, 평상시에는 편안한 개량한복 스타일을 즐깁니다. 스님들처럼 빡빡 깎은 머리에 잿빛 혹은 황토빛 개량한복, 처음 보면 불가의 스님을 연상케 합니다. 물론 이런 겉모습의 파격만이라면 내가 그분에게 반하지 않았을 것입니다.

그 신부님의 헌신적인 수고로 세워진 노인복지 시설인 실버타운 안에 정성 드려 지은 성당이 있는데, 성당 안으로 들어가면 제단 가운데 기존의 성당이나 교회에서는 볼 수 없는 목조木彫로 된 예수상이 모셔져 있습니다. 불교의 반가사유상처럼 오른쪽 다리를 왼쪽 무릎에 얹고 앉아 있는 예수상!

그 목조 예수상을 보면, 눈이 푸르고 코가 큰 서구적인 예수가 아니라 우리의 조상이기나 한 듯이 친근한 느낌으로 뭉클하게 다가옵니다. 일찍이 화가 김기창이 그린 한복을 입은 예수상이나, 농부의 모습을 한 예수상을 조각작품으로 본 적은 있으나, 이런 파격적인 예수상은 한국에서 전무후무하지요.

그것이 더욱 특이한 느낌을 자아내는 것은 머리에는 가시관을 쓰고 있으나, 손에는 예수가 자기 몸에 박힌 못을 빼서 들고 있기 때문입니다. 그리고 예수의 얼굴은 고통에 찬 모습이 아니라 형언할 수 없는 환희로 가득 차 있습니다. 아마도 신부님은 부활한 예수의 모습을 표현하고 싶었던 것이겠지요.

지난해 어느 가을날 조각을 하는 딸에게 그 목조 예수상을 보여 주려고 실버타운을 다시 방문했을 때, 나는 예수의 몸에 박힌 못을 빼서 들고 있는 모습을 보며, 혼자 이렇게 생각했습니다.

'이제 예수의 몸에 못 박는 짓은 더 이상 하지 말자는 뜻인가 보다. 아니, 이제는 가까운 이웃의 가슴에 박았던 못을 빼 주라는 깊은 뜻을 담았나 보다.'

그런 생각을 하고 나서, 나는 신부님을 〈바라바〉라는 유명한 소설을 쓴 스웨덴 출신의 작가 라게를뢰프의 이야기 속에 나오는 '진홍가슴울새'라고 부르기 시작했습니다.

옛날 하느님이 처음 세상을 만드신 다음 모든 생물에게 이름을 붙여 주실 때, 작은 잿빛의 새 한 마리를 만드시고 '진홍가슴울새'라는 이름을 지어 주셨습니다.

그때 새가 물었습니다.

"제 몸은 잿빛 털로만 덮여 있을 뿐인데 왜 '진홍가슴울새'라고 이름을 지어 주십니까?"

하느님이 대답하셨습니다.

"네 마음가짐 하나로 너는 빨간 날갯털을 받게 될 수도 있다."

그 후 많은 세월이 흘렀습니다.

어느 날 어미 새가 새끼들에게 진홍의 털을 얻으려다 죽어간 많은 조상들에 대하여 이야기하던 중, 저쪽 언덕 위에 가시관을 쓰고 십자가에서 죽어가는 사람이 눈에 띄었습니다. 그 사람의 이마에서는 핏방울이 계속 흐르고 있었습니다. 잿빛의 작은 어미 새는 동정심 때문에 그냥 있을 수가 없어서 그 사람에게 날아갔습니다. 그 새는 용기를 내어 피를 흘리고 있는 그에게 다가가서 이마에 박힌 가시 하나를 주둥이로 뽑았습니다.

그러자 그분의 이마에서 피 한 방울이 어미 새의 가슴 위에 떨어졌고, 그 순간 그분은 이렇게 속삭였습니다.

"너희 조상들이 세상 첫날부터 애써 구해 온 것을 너는 그 친절한 마음씨 하나로 기어이 얻어 냈구나."

어미 새는 샘물에 몸을 닦았으나 진홍빛은 지워지지 않았습니다. 그리고 그 후에 태어나는 모든 진홍가슴울새의 목과 가슴에도 진홍의 털이 빛나기 시작했습니다.

최근에 신부님의 소식을 들을 기회가 있었는데, 신부님은 그 파격적인 목조 예수상 때문에 큰 고초를 치렀다고 합니다. 그분이 속해 있는 교구 상 신부가 불가의 빈기시유상을 닮아 있는 예수상을 제단 가운데 모신 것을 불경스럽게 여겨 단죄하려 했던 모양이었습니다.

십자가에 못 박힌 이의 이마에 박힌 가시를 빼 준 뒤 가슴에 진홍빛 털을 지니게 된 진홍가슴울새처럼, 이제 신부님도 그 가슴에 진홍빛 상처를 지니게 된 것입니다.

내가 신부님을 '진홍가슴울새'라고 불렀기 때문에 그렇게 되었을까요. 우리 삶의 무거움을 가벼움으로 바꾸기 위해 혼신의 노력을 기울이며 살아가는 진홍가슴울새 신부님! 그 신부님을 생각하면 나도 가슴이 아파옵니다.

## 괜히 왔다간다

"괜히 왔다간다!"

걸레 중광重光 스님의 유언처럼 여겨지는 말입니다. 스님이며 전위적인 화가로 기행과 파격을 일삼아 세인의 찬사와 지탄을 한 몸에 받았던 걸레 스님이 고인이 된 지도 벌써 두 해가 넘어 갑니다.

우리집 거실에는 걸레 스님의 달마도가 한 점 걸려 있지요. 나는 이 달마도 때문에 걸레 스님의 삶에 대해 가끔씩 생각해 보곤 합니다. 불교를 배타시하지 않는 열린 목사라고, 내가 아는 친구 스님을 통해서 선물로 보내 주셨던 달마도, 걸레 스님의 천진스런 장난기가 넘치는 그림입니다. 스님의 기행과 파격은 스님의 어린아이 같은 천진성이 그 바탕이 아니었을까요.

달마도를 자세히 보면, 내 아이들 어릴 적 텔레비전 만화에서 보던 모래의 요정 바람돌이처럼 장난스러움이 느껴집니다. 그런 장난스러움과 함께 초롱초롱한 그 눈매는, 어찌 보면 마군魔軍을 노려보는 것처럼 매섭

게 느껴지기도 합니다.

어느 날은 매서운 눈을 부릅뜬 달마의 입을 통해 스님이 이런 말씀을 들려주는 듯도 싶었습니다.

"요요요, 돈 중독, 물질 중독, 섹스 중독에 걸린 가련한 군상들아, 정신들 차리거라, 그게 다 헛거여, 헛거!"

사실 나는 걸레 스님을 살아 계실 때는 만나 뵙지 못했습니다. 걸레 스님이 살아계실 적에 일부러 백담사까지 찾아간 적이 있었으나, 인연이 닿지 않았던지 스님이 바깥바람을 쐬이실려고 출타하셨다고 하는 말을 전해 듣고 헛걸음을 한 적이 있었습니다. 그리고는 얼마 뒤 스님이 입적하셨다는 부고를 접했습니다.

마침 친구 스님이, 걸레 스님의 다비식茶毘式에 가신다기에 나는 무턱대고 먼 길을 따라나섰습니다. 부산 통도사에서 치뤄진 다비식, 거기서 나는 혼불로 사라져 가는 걸레 스님의 마지막 모습을 지켜볼 수 있었습니다.

때는 늦가을이었지요. 통도사 뒤의 산자락은 단풍으로 불타고 있었습니다. 다비는 통도사 뒷산에 세워진 다비터에서 이루어졌습니다. 인산인해였습니다. 매스컴의 주목을 받는 인물이니 사람들이 많이 모여든 것은 전혀 이상할 게 없었으나, 조문객들 가운데 스님들이 많다는 것이 인상적이었습니다.

기행과 파격으로 오래 전에 승적을 박탈당한 분인데, 불교계에서는 여전히 중광을 스님으로 대접하고 있었습니다. 노제路祭와 다비식 때도 깍

듯이 스님으로 예우했습니다. 불교의 너그러운 품이 느껴졌습니다. 목사인 나는, 기독교라면 그런 너그러운 관용을 베풀 수 있을까 하는 생각도 해 보았습니다.

산 중턱에 있는 다비터는 여느 불당처럼 기와집에 단청까지 올려 잘 지어져 있었습니다. 다비를 시작하기 전 스님들이 간단한 예식을 올리고, 염불과 목탁소리 속에 중광 스님의 관이 시멘트로 지어진 토굴 같은 사각의 구멍 속에 집어넣어졌지요. 그리고 나무를 쌓더니 곧 불을 질렀습니다. 나는 다비터 옆의 낮은 산자락으로 올라가서 굴뚝에서 피어오르는 검푸른 연기를 지켜보았습니다. 연기는 하늘로 솟구치다 바람결에 흩어져 산의 활엽수림으로 스며들었습니다.

괜히 왔다간다는 유언 같은 말을 남긴 중광이 그렇게 떠나고 있었습니다. 흙과 물과 불과 바람으로 이루어진 한 실존이, 다시 흙과 물과 불과 바람으로 흩어지고 있었습니다. 살과 피와 뼈의 실존이, 실존은 말짱 헛것이라는 양 허공 속에 흩어지고 있었습니다. 자연스레 〈법구경〉의 한 대목이 떠올랐습니다.

목숨이 다해 정신이 떠나면,
가을 들에 버려진 표주박처럼
살은 썩고 백골만 뒹굴 것을……
무엇을 사랑하고 무엇을 즐길 것인가.

살아 있다는 것은 그림자(幻影) 같은 것! 그림자처럼 어른거리던 그 헛것이 헛것으로 돌아가고 있었습니다. 다비는 백골마저 남기고 않고 불에다 태우는 것입니다. 물론 고승대덕의 유해를 다비한 후 영롱한 사리가 나오면 사리함에 담아 부도를 세우기도 하지만, 불교의 계율이나 격식 따위를 우습게 알고 파계를 서슴지 않았던 걸레 스님은 그런 것을 바라지 않았을 것입니다.

아무튼 나는 한 줌 연기로 사라지는 중광의 마지막 모습 없는 모습을 지켜보며 이상하게 눈이 맑아지는 것을 느꼈습니다. 언젠가 친구 증조모의 화장한 유골을 보며 느꼈던 그런 느낌이 되살아났습니다.

한 줌밖에 안 되는 숯 빛깔의 유골!

그 유골을 보는 순간, 내 눈이 맑아지며 내 안의 속된 욕망이 투명하게 들여다보였습니다. 그래서 현자들은 잔칫집에 가는 것보다 초상집에 가는 것이 낫다고 한 것인지도 모르지요.

없는 눈이지만 속기(俗氣)를 여읜 유골의 맑은 시선!

나는 연기로 흩어지는 중광의 형상 없는 형상에서도 그런 맑은 시선을 느꼈습니다. 괜히 왔다간다고 그는 말했지만, 괜히 왔다가는 것이 아니었습니다. 욕망의 진흙탕을 뒹굴며 사는 이들에게 그런 맑은 시선을 던진 것만으로도 그는 괜히 왔다가는 것이 아니었습니다.

그날 중광은 검푸른 연기로 화해 내게 말을 건넸지만, 〈장자〉에 보면 장자가 초(楚)나라로 가다가 만난 해골이 꿈에 나타나 직접 입을 떼어 말을 건넵니다. 먼저 장자가 해골에게 묻습니다.

"그대는 춥고 배고파 병이 들어 죽었느냐, 아니면 수명이 다해 이 꼴이 되었느냐?"

놀랍게도 해골이 입을 열어 대답합니다.

"그대는 아직 죽은 사람의 즐거움을 모르는구려. 죽음의 세계에는 왕도 신하도 없으며, 춘하추동의 변화는 물론이고 어떤 걱정도 없으니, 남면南面한 왕의 즐거움이 어찌 이에 미치리오?"

이것은 장자가 죽음을 예찬한 것이 아닙니다. 삶을 좋은 것으로 여긴다면 죽음도 그러해야 한다는 무위지락無爲至樂을 말한 것입니다. 이것은 삶과 죽음, 행과 불행, 선과 악 등 존재의 대극을 이원적으로 나누며 살아가는, 분별지에 붙잡힌 자가 넘볼 수 없는 경지일 것입니다.

백골로 돌아가는 것은 인간의 피할 수 없는 운명입니다. 삶을 긍정해야 한다면 백골로 돌아가는 피할 수 없는 운명도 긍정해야 합니다.

선승들의 수행법 중에 고골관枯骨觀이라는 것이 있는 것도 그 때문일 것입니다. 자기 해골 그림을 그려 놓고 관觀하는 수행입니다.

그날 내게 중광 스님의 다비식은 그런 유익한 수행의 시간이었습니다.

눈이 부시도록 푸른 하늘 속으로 뼈 한 점 남김없이 흩어지는 중광의 모습 없는 모습을 뒤로 한 채 산을 내려오며, 나는 그가 내 뒤통수에 대고 하는 말없는 말이 귓가에 쟁쟁거렸습니다.

"괜히들 수고하시는군!"

## 똥 누다가 기차가 떠나 버리면 어쩌지?

인간에게 무슨 신성神性이라 부를 만한 게 있다면 가위처럼 자르거나 찢거나 나누는 분별이 싹트기 이전의 천진무구한 어린아이에게나 있을 것입니다. 그런데 얼굴에 검버섯이 막 피어나기 시작하는 내 안에도 그런 아이가 살아 있었던 것일까요.

지난 겨울 인도를 여행할 때였습니다. 북인도의 시골 역 부근이었는데, 지독한 안개 때문에 기차가 멈추었습니다. 미명이 밝아오기 전이었지요. 막 잠이 깨어 창밖을 내다보니, 흙벽돌로 지은 초라한 오두막들이 드문드문한 작은 마을이 보였습니다.

잠시 후 새벽 어스름 속으로 뒷물 할 물통 들고 들판으로 되똥되똥 걸어 나와 똥을 누는 사람들의 모습이 보였습니다. 아이들도 있었지만 늙수그레한 남자들과 여자들의 모습도 눈에 띄었습니다.

그들은 나무 밑이나 밭가에 앉아 엉덩이를 다 내놓고 천연덕스레 볼 일을 보고 있었습니다. 남의 이목 따위는 아무렇지도 않은 모양이었습니다. 인도 시골에는 따로 변소가 없다는 말을 들었지만, 그것은 사실인 듯 했습니다.

창밖으로 그들을 바라보고 있는데, 나도 문득 배가 아파 왔습니다. 그 순간, 내 안에 있는 아이가 말했습니다.

"너도 저들 틈에 섞이고 싶지? 어서 뛰어가 봐! 가서 엉덩이 까고 똥을 누라구!"

그러자 내 안의 어른이 말을 듣지 않았습니다.

"안 돼! 어른이 창피하게 어떻게 남들 보는 데 똥을 누니?"

"어때, 괜찮아. 들판에서 똥 누는 게 얼마나 자연스런 일인데! 어릴 적에 많이 해 봤잖아. 여름날 강변의 모래밭이나 옥수수 밭 속에서 똥 누던 것처럼 그렇게 해 봐. 풀잎에 묻은 찬 이슬이 엉덩이를 스칠 때의 그 서늘하고 시원한 느낌, 아마도 그런 걸 느낄 수 있을 걸! 그리고 인도 사람들의 저런 배변 관습이야말로 환경을 오염시키지 않고 땅을 기름지게 하는 것인데, 너도 대지와 하나 되는 그런 느낌을 가져보는 좋은 기회잖아. 어서 가서 엉덩이 한번 까 봐. 어서!"

내 안의 아이가 그럴 듯한 말로 보채었지만, 내 안의 어른이 다른 핑계를 댔습니다.

"그래, 잘 알아. 하지만, 문제는 기차야. 멈출 때도 방송 한 번 없이 제멋대로 멈추었는데, 떠날 때도 제멋대로 떠날 거야. 내가 내려서 똥 눈다고 기차가 똥 누는 나를 배려하겠어? 똥 누다가 기차가 획 떠나 버리면 정말 골치 아프잖아!"

그랬습니다. 딱히 핑계만은 아니었습니다. 기차가 오래도록 서 있어 준다는 보장만 있다면 나는 기차에서 내려 숲으로 들어가 그들 곁에서 시원스레 들판에 똥 한번 누고 싶었습니다.

사실 나는 들판에 나와 무슨 거창한 의식을 치르듯이 온 동네 사람들이 똥 누는 광경을 보며 무척 부러웠습니다. 누가 이렇게 생각하는 나를 복고적이라고 해도 어쩔 수 없습니다. 자연에서 얻은 것을 몸으로 받았다가 다시 자연으로 되돌리는 그들의 삶의 방식이 마음에 들었습니다.

창을 열고 들판으로 뛰쳐나가지는 못하고 이런 생각에 젖어 있는데, 기차가 꿈틀꿈틀 느린 걸음으로 움직이기 시작했습니다. 기차의 느린 걸음은, 똥을 누러 뒷물할 물통 하나씩 들고 들판으로 느릿느릿 걸어 나오는 시골 사람들의 발걸음과 어찌 그리 꼭 닮았던지요!

나는 들판에 앉아 똥 누는 이들의 모습에 마음을 빼앗기고 있다가, 문득 보나벤두라 수도원의 한 신부님이 드렸다는 기도문이 떠올랐습니다.

하느님, 오늘도 일용할 양식을 주신 당신께 감사를 드립니다. 밥상에 앉아 생명의 밥이신 주님을 내 안에 모시며 깊은 감사의 기도를 드리는 것처럼 오늘 이 아침에 뒷간에 홀로 앉아 똥을 눌 때에도 기도하게 하옵소서. 내 입으로 들어가는 것이 내 뒷구멍으로 나오는 것이 오니 오늘 내가 눈 똥을 보고 어제 내가 먹은 것을 반성하게 하옵시고, 남의 것을 빼앗아 먹지는 않았는지, 일용할 양식 이외에 불필요한 것을 먹지는 않았는지, 이기와 탐욕에 물든 것을 먹은 것은 없는지, 오늘 내가 눈 똥을 보고 어제 내가 먹은 것을 묵상하게 하옵소서.

뒷간에 홀로 앉아 똥을 누는 시간은 내 몸을 비워 바람이 통하게 하고 물이 흐르게 하고 그래서 하느님 당신으로 흐르게 하는 시간임을 알게 하소서. 오늘 똥을 누지 않으면 내일 하느님을 만날 수 없음에 오늘 나는 온 힘을 다해 이슬방울 떨구며, 온 정성을 다해 어제 내 입으로 들어간 것들을 반성하며 똥을 눕니다. 오늘 내가 눈 똥이 잘 썩어 내일의 양식이 되게 하시고, 오늘 내가 눈 똥이 허튼 곳에 뿌려져 대지를 오염시키고 물을 더럽히지 않게 하옵소서.

하느님, 오늘 내가 눈 똥이 굵고 노랗고 길면 어제 내가 하느님의 뜻대로 잘 살았구나, 그렇구나, 정말 그렇구나, 오늘도 그렇게 살아야지 감사하며 뒷간 문을 열고 세상으로 나오게 하옵소서.

―〈똥 누며 드리는 기도〉

우리가 먹고 마시고 살아가는 하루의 일상생활을 똥과 관련하여 깊게 성찰하게 만드는 이 놀라운 기도문에, 나는 사실 덧붙일 말이 없습니다.

다만, 뒷간조차 막혀 있지 않고 하늘로, 땅으로, 숲으로, 세상으로 환하게 열린 인도 사람들이 살아가는 모습을 가슴 찡하게 바라보며, 우리도 그들처럼 살면 이런 기도문조차 필요 없지 않을까 하는 엉뚱한 생각을 해 보았습니다.

올망졸망한 오두막들이며 똥 누던 이들의 모습이 시야에서 점차 멀어지고 있을 때, 새벽안개에 세수하고 나온 듯 희뿌연 지평선 위로 어린 햇님도 수줍은 얼굴을 쏙 내밀고 있었습니다.
　너도 똥 누고 뒷물했니?

## 그대가 있어 내가 있다

　벌써 치악산 기슭에 둥지를 틀고 산 지 다섯 해가 되었습니다. 그런데도 치악산이 '모월산母月山'이라는 아름다운 이름을 갖고 있음을 안 것은 최근이었지요. 어머니 같은 모성母性으로 그 슬하에 있는 것들을 다 품어 주고, 달빛 같은 환한 빛으로 어둠 속을 헤매는 중생들을 인도해 주는 모월산! 얼마나 아름답고 의미심장한 이름입니까. 그래서 난 아침에 깨어날 때마다 제일 먼저 바라보게 되는 그 산을 '모월산'이라 부르기로 했습니다.
　오늘 나는 싯푸르게 녹음이 우거진 모월산을 아내와 함께 오르며 말했습니다.
　"여보, 이제 내 아호를 모월산인母月山人이라 하기로 했다우!"
　"왜 그렇게 했죠?"
　"내가 좀 너그럽지 못하고 품이 작은 사람이잖아. 하루아침에 뭐가 바뀌지야 않겠지만, 그래도 스스로 그렇게 자꾸 되뇌이다 보면, 좀 나아지지 않겠소? 어제만 해도 내가 좀더 품을 크게 가졌으면 당신과 투닥거리지 않았을 텐데……."

모월산 정령이 들으시면 크크크 웃으실 일이지만, 나는 그렇게 모월산을 오르며 나를 굴려 갈 새 이름 하나를 정했습니다. 내 얘기를 듣고 난 아내가 고맙게 거들어 주었습니다.

"요가의 대가인 스와미 베다의 잠언이 생각나는군요. 만일 그대가 남성이면 여성이 되도록 노력하고, 그대가 여성이면 여성으로 살라고 했지요. 당신 안에 부족한 여성성을 키우고 싶다는 거죠?"

"그래, 당신 말이 옳아요."

오래 같이 살다 보니, 이렇게 되었습니다.

어떨 때는 아내가 내 속을 훤히 들여다보고 있는 것 같아 섬뜩하기도 합니다. 살도 맞비비고, 생각도 맞비비고, 시간도 맞비비고, 기쁨이나 슬픔도 맞비비다 보니, 그렇게 되는 모양입니다.

그렇다고 해서 이렇게 서로를 이해하고 받아주는 평화로운 관계가 항상 유지되는 것은 아닙니다. 살면서 이해의 폭이 넓어지는 것은 사실이지만, 변화된 사건이나 새로운 상황에 부딪치면 서로에 대해서 갖는 이해는 장벽에 부딪힐 때가 많습니다.

상대에 대한 턱없는 기대 때문이지요. 이만큼 살을 맞비비며 살았으니 이해해 주겠지. 내 생각이 옳으니까 함께 이해해 주고 같이 동반자가 되어 주겠지. 하지만 이런 기대는 자주 어긋납니다. 그러면 근근이 이어지던 평화는 깨지고 말지요. 이처럼 서로 신뢰하던 관계가 깨지는 것을 경험하면서 깨닫습니다. 그가 누구든 상대에 대해 큰 기대를 하지 말아야 한다는 것을! 그런 기대는 결국 상대에 대한 나의 욕심과 무관하지 않기 때문입니다. 내가 시시비비를 논하며 옳다고 여기는 것 속에도 나의 이기심이 개입될 수 있기 때문입니다. 사랑은 그것조차 넘어서야 합니다.

최근에 원주의 예수로 불리는 무위당無爲堂 장일순 선생의 10주기 추모식이 있었습니다. 살아생전 내가 만나 본 그분은 사사로운 욕심을 여의고 사신 분입니다. 10주기를 맞춰 그분의 일화집이 출간되었는데, 그분의 호를 따 〈좁쌀 한 알〉이라고 붙였습니다. 그 책에는 이런 감동적인 이야기가 실려 있었습니다.

제천의 깊은 산골에서 자연농을 하는 한원식이라는 농부가 있었답니다. 그는 농약과 비료를 사용하지 않고, 풀을 그대로 두고 농작물을 기르는 제대로 된 자연농을 실천했습니다. 그 뒤로 한원식은 가난했지만 마음은 누구보다 부자로 신바람 나게 살았습니다. 얼씨구 절씨구가 입에서 떠나지 않았습니다. 그런 한원식이 장일순 선생을 처음으로 만나 한 말은 이랬답니다.

"한국에 농부는 저 하나밖에 없습니다."

장일순 선생은 웃은 얼굴로 시건방지기 짝이 없는 한원식을 건네다 보았습니다. 그 눈길이 아주 따스했는데, 그게 장일순 선생의 대답이었습니다.

"세상의 농심이란 농심은 모두 다 라면 속으로 사라졌습니다."

계속되는 한원식의 세태 비판이었습니다. '참 말이 싱싱하구나!' 하는

생각을 하며 그의 말이 끝나기를 기다려 장일순이 대꾸했습니다.

"그렇게 옳은 말을 하다 보면 누군가 자네를 칼로 찌를지도 몰라. 그럴 때 자네는 어떻게 하겠어? 그땐 말이지, 칼을 빼서 자네 옷으로 칼에 묻은 피를 깨끗이 닦아 낸 다음 그 칼을 상대에게 공손하게 돌려줘. 그리고 '날 찌르느라고 얼마나 힘들었느냐?' 고 따뜻하게 말해 주라고. 거기까지 가야 돼."

거기, 누가 거기까지 갈 수 있을까요.

무위당 선생은 거기까지 가야 한다고, 거기까지 가지 않으면 그건 농심이 아니라고 말하고 있습니다. 네가 생각하는 옳음을 부정하는 건 아니지만, 그걸로 타인을 걸고 넘어가지는 말라고, 비판은 자기 자신을 향해야지 타인을 향하는 것이 아니라고, 그건 진정한 농심도 천심도 아니라고, 옳고 그름을 넘어서는 비판단으로, 자비로 가라고 타이르고 있는 것이었습니다.

농심 얘기가 나왔으니 말이지, 참으로 천심을 공경하는 농심은, 가뭄이 들거나 홍수가 나서 흉작이 되어도 그것을 받아들일 줄 아는 순천順天의 마음인 것입니다. 그러나 오늘 우리의 삶은 이처럼 '스스로 그러한' 무위자연의 뜻에 부합하여 사는 경우를 찾아보기 어렵게 되었습니다.

무한경쟁에 내몰린 현대인들은 사람과 사람의 관계, 사람과 자연의 관계가 지극히 타산적이 되고, 남보다 앞서려는 다툼에 휘둘리게 되었습니다.

더욱이 농경시대처럼 한군데 붙박인 삶에서 들고남이 자유로워진 유목적 삶의 양식으로 바뀌어 가는 오늘날, 사람과 사람의 관계는 견딜 수 없을 정도로 가벼워지고 있습니다. 하지만 그 가벼움이 타인을 배려한 가벼움이 아니라 타인을 배제한 지극히 이기적인 삶의 양식으로 바뀌고 있다는 데 문제가 있는 것입니다.

서구 개인주의의 신화적 모태인 나르시시즘에서 보듯 '홀로주체'의 삶의 양식이 우리의 공동체 의식을 송두리째 좀먹고 있는 듯싶습니다. 건전한 사회는 개인의 자유와 행복에만 사로잡힌 홀로주체의 정신에 의해서는 이룩될 수 없습니다. 개인이 어디 있습니까. 개인의 자유와 행복을 말하는 것은 환상에 불과합니다. 인간은 더불어 있는 존재입니다. 인도 산스크리트 어 격언대로, 우주 안의 모든 존재는 '소 훔So Hum'입니다. 풀어 말하면 '그대가 있어 내가 있습니다.'

오늘 우리 시대는 들고남이 자유로워졌습니다. 만나고 헤어지는 일을 밥 먹듯 합니다. 이혼도 이별도 너무 가벼워 보입니다. 나뭇잎 한 장이 나무와 이별할 때도 찬바람 부는 겨울을 기다리는데, 사람들은 살 부비고 살던 이와 너무 쉽게 이별을 고하는 것은 아닐까요.

나무를 비롯한 숱한 피조물들은 '그대가 있어 내가 있다'고 그네들 몸으로 증언하며 사는데, 유독 인간들만이 '내가 있어 그대가 있다'고 여기는 것은 아닐까요. '내가 있어 그대가 있다'고 여기는 정신 속에 아름다운 '우정'이나, '타자적 주체'의 희생이나 헌신 같은 가치는 없습니다.

서로를 구속하지 않는 홀가분한 독신의 삶을 예찬하는 이라도 자기를 위해 아낌없는 사랑을 쏟아 준 어버이를 부정할 수는 없을 것입니다. 말이 나왔으니 말이지 엄밀한 의미에서 '독신獨身'은 있을 수 없습니다. 결혼하지 않고 혼자 산다고 '독신'은 아닙니다. 하늘과 땅, 이웃이 없다면 도대체 누가 살 수 있단 말입니까.

다른 한편, 거부할 수 없는 현실이 된 이런 가벼운 시대정신 속에서 취할 수 있는 것이 전혀 없는 것은 아닙니다. 타인과 땅과 소유에 대한 집착에서 자유로워질 수 있는 측면도 있습니다.

어떤 이가 부모가 되어 자식에게 할 수 있는 마지막 사랑은 '정을 떼주는' 것이라고 하는 말을 들은 적이 있습니다. 개나 소나 고양이 같은 동물들도 그렇듯이, 진정한 어버이의 자식 사랑은, 노자의 말따나 '낳지만 소유하지 않는〔生而不有〕' 그것이지요. 우리는 어버이가 있기에 내가 있게 되었지만, 어버이는 내가 있기에 당신이 존재하는 양 사시지 않던가요.

푸른빛과 청량한 공기와 너그러운 품에 날 안아 주는 모월산도 마치 내가 있기에 당신이 있는 양 오늘도 날 품어 주고 있습니다. 그러니 내 어찌 그 산의 슬하에 든 자식으로서 매일 아침 오체투지로 경배를 바치지 않을 수 있겠습니까.